厳選
鉄道の魅力100

今、あじわいたい日本の“鉄道”

交通新聞社新書編集部 編

交通新聞社新書 100

鉄道の魅力って、なんだろう。

それはきっと、この国の魅力そのものではないだろうか。

四季それぞれの美しい自然。長い歴史と文化。

先人たちが営々と培ってきた世界に誇れる先進の技術。

鉄道の魅力を探るということは、
まさにニホンの魅力を探ることにほかならないと思う。

列車に乗って旅にでませんか。
鉄道を通して、この国の素晴らしさを見つめてみませんか。
そこには１００なんて数字では語り尽くせない、
もっともっとたくさんの魅力があるはずだから。

撮影：猪井貴志

厳選 鉄道の魅力１００——目次

一度は訪ねたい絶景路線・希少鉄道

1 鉄道写真の原点となった我が故郷の高原鉄道／**小海線**●10
2 四万十川に沿って「鉄道ホビートレイン」が走る／**予土線**●14
3 球磨川と山岳景観が織りなす南九州きっての観光路線／**肥薩線**●18
4 無人駅にラッセル車。旅情を誘う最北路線の鉄道風景／**宗谷本線**●22
5 日本最大の湿原と流氷の海が車窓間近に迫る／**釧網本線**●24
6 富良野・美瑛の丘の絶景に鉄道写真家の血が騒ぐ／**富良野線**●26
7 「リゾートしらかみ」で訪ねたい日本海に面した観光路線／**五能線**●28
8 「森と水とロマンの鉄道」を走るＳＬ列車／**磐越西線**●30
9 列車と只見川が奏でる魅惑のコンチェルト／**只見線**●32
10 昭和のレトロ感が漂う大都会のローカル線／**鶴見線**●34
11 特急「あさぎり」には富士山と桜並木がよく似合う／**御殿場線**●36
12 木曽エリアに続く中山道の宿場町と列車を絡めて撮る／**中央西線**●38
13 廃止の危機を乗り越えて復旧した三重県のローカル線／**名松線**●40
14 中国山地の山里をゆく列車で訪ねたい昭和の木造駅舎／**因美線**●42
15 神話の里・奥出雲の絶景を満喫するトロッコ列車の旅／**木次線**●44
16 「アンパンマン列車」も走る高松と宇和島を結ぶメイン路線／**予讃線**●46
17 小歩危・大歩危をめぐる新観光列車が２０１７年春登場／**土讃線**●48

18 最南端の駅と開聞岳を望みながら南国ムードの終着駅へ／指宿枕崎線●50
19 SL動態保存のパイオニアと国内唯一のアプト式鉄道／大井川鐵道●52
20 速いだけではない！　独自の技術を発揮する〝京急スピリット〟／京浜急行電鉄●56
21 歌のタイトルにもなった東急最古の歴史を有する路線／池上線●58
22 地上区間が印象的な東京で2番目に開業したメトロ／丸ノ内線●60
23 住民にも観光客にも愛される古都・鎌倉のかわいい電車／江ノ島電鉄●62
24 天下の険に挑むスイス登山鉄道との姉妹鉄道／箱根登山鉄道●64
25 元大手私鉄の名車両とオリジナル車両が共演／富山地方鉄道●66
26 超ミニサイズのナローゲージ電車が元気に走る／四日市あすなろう鉄道●68
27 市民らによって廃止の危機を乗り越えた日本一の路面電車／広島電鉄●70
28 デュアルサイドリザベーション方式で環状運転が復活／札幌市交通局●74
29 万葉歌人・大伴家持ゆかりの地を走るアイトラム／万葉線●76
30 タブレット授受シーンも見られる南国土佐の路面電車／とさでん交通●78
31 羽田の発展とともに歩んできた空港アクセス鉄道／東京モノレール●80
32 「ブル」と「ミケ」が走る我が国最古の鋼索鉄道／生駒ケーブル●82

後世に残したい鉄道のある風景

33 新幹線と貨物列車が共存する世界最長の海底トンネル／青函トンネル●84
34 若き鉄道技手の熱意が今も極寒の鉄路を守る／深川林地●88
35 都心を貫き今も現役で活躍する明治の赤煉瓦高架橋／東京高架橋●90

36 東京駅から1時間で昭和の鉄道にタイムスリップ／**五井機関区**●92
37 「鉄道の原風景」を今に伝える踏切と信号機／**電鐘式踏切警報機と腕木式信号機**●94
38 同時発車の3列車が並走する私鉄王国のシンボル／**阪急電鉄の三複線**●96
39 「東洋一のトレッスル橋」は展望台となって今に／**余部橋梁**●98
40 瀬戸内海を越えて本州と四国の懸け橋となった巨大構造物／**瀬戸大橋**●100
41 熊本地震からの早期復旧で実証された新幹線の地震対策／**鋼管電化柱**●102
42 リニューアルによって生まれた西日本随一の鉄道博物館／**京都鉄道博物館**●104
43 産業遺産として甦った碓氷峠に刻まれた轍の跡／**アプトの道**●108
44 渇水期のみ姿を現す廃止ローカル線のアーチ橋／**タウシュベツ川橋梁**●112
45 海峡に刻んだ80年の歴史を語る2隻のメモリアルシップ／**青函連絡船**●114
46 自然公園に動態保存された「きそしん」の面影／**赤沢森林鉄道**●116
47 地域再生の核となった現代の「一円電車」／**明延鉱山**●118
48 廃線になっても存在感を誇示する壮大な遺構／**筑後川昇開橋**●120

歴史を語る駅・旅情を誘う駅

49 最新の技術を駆使して現代に甦った「中央停車場」／**東京駅**●122
50 始発列車は最終列車!? 日本一終発が早い駅／**札沼線新十津川駅**●126
51 最上川に架かる日本最古級の現役鉄橋／**山形鉄道荒砥駅**●128
52 大正の香りを今に伝える洋風駅舎／**日光線日光駅**●130
53 啄木ならずとも郷愁を覚えてしまう頭端式の地平ホーム／**上野駅**●132

54 隅田川とスカイツリーが似合う下町・浅草の表玄関／**東武鉄道浅草駅**●134
55 渓谷の絶景を堪能するローカル線の終着駅／**青梅線奥多摩駅**●136
56 関東東端のひなびた漁師町にたたずむ木造駅舎／**銚子電気鉄道外川駅**●138
57 地下70メートルにホームがある「日本一のモグラ駅」／**上越線土合駅**●140
58 善光寺平を俯瞰する日本三大車窓のスイッチバック駅／**篠ノ井線姨捨駅**●142
59 伊那谷をゆく路線に好奇心をそそられる駅あり／**飯田線の秘境駅**●144
60 1本の線路に全国一の本数の列車が発着する駅／**名古屋鉄道名鉄名古屋駅**●146
61 宿場町の玄関口にふさわしい風格ある木造駅舎／**東海道本線美濃赤坂駅**●148
62 10年間で大変貌を遂げた関西の巨大ターミナル駅／**大阪駅**●150
63 駅舎で初めて重文指定を受けた鹿児島本線の起点駅／**鹿児島本線門司港駅**●152
64 列車を降りたらそこは温泉！　駅前ならぬ駅ナカ温泉／**温泉施設のある駅**●154
65 廃駅跡に「駅」を開業させた元鉄道マンの情熱／**民宿天塩弥生駅**●156

細部に宿るマニアックな魅力

66 旅先で出会った味を車中で頬張るしあわせ／**駅弁**●158
67 地域性と各店のオリジナリティを丼に込めて／**駅そば**●162
68 スマホの時代でも〝紙の時刻表〟でしか分からない情報がある／**時刻表**●164
69 自由な旅を演出するロングセラーの乗車券／**青春18きっぷ**●166
70 妙義山の麓の終着駅で出会った懐かしいシーン／**硬券きっぷ**●168
71 風前の灯となった特急列車のシンボル／**ヘッドマーク**●170

72 パソコンの技術でここまで進化した鉄道車両の座席／**座席のモケット**●172
73 時代の変遷をも映し出す通勤電車のドアガラス／**ドアステッカー**●174
74 「抵抗制御」で悟りの境地に達する喜び／**電車の走行音**●176
75 プラス780円でちょっとリッチな旅気分／**普通列車グリーン車**●178
76 画一化された車両からマイノリティを見つける愉悦／**希少車両**●180
77 新幹線の礎を築いた仙山線と北陸本線の交流電化／**交流電化**●182
78 多くの制約を抱えながら定時運行を維持する凄わざ／**東北新幹線**●184

乗りたい・撮りたい魅惑の列車

79 東京と四国・山陰を結ぶ最後の寝台特急列車／**サンライズ瀬戸・出雲**●186
80 時速200キロ超の移動空間で現代アートを鑑賞／**GENBI SHINKANSEN**●190
81 加賀・能登の伝統工芸を身に纏った観光列車／**花嫁のれん・のと里山里海**●192
82 異なるメニューともてなしでリピーター続出の人気列車／**伊予灘ものがたり**●194
83 九州鉄道時代の豪華列車109年後の復活劇／**或る列車**●196
84 都心のターミナル駅を発着するレストラン列車／**52席の至福**●198
85 キハ28・52を動態保存する房総半島の第3セクター鉄道／**急行「夷隅」号**●200
86 「SE車」のDNAを受け継ぐ憧れの特急列車／**ロマンスカー**●202
87 多彩な車内空間を備えた私鉄を代表する観光特急／**しまかぜ**●206
88 半世紀の時を経てなお現役の元祖・ステンレス電車／**7000系電車**●208
89 客車内にダルマストーブを設置した津軽の冬の風物詩／**ストーブ列車**●210

90 漱石の時代を彷彿とさせるマッチ箱のような汽車／**坊っちゃん列車**●212
91 ブルートレインも牽いた国鉄最強のマンモス機関車／**EF66形直流電気機関車**●214
92 九州～北海道間2100余キロを結ぶ日本最長距離の列車／**高速貨物列車B**●218
93 貨物輸送の強化を支えるJR貨物の新型車両群／**コキ100形コンテナ貨車**●220
94 北の大地を走り通す日本一運行時間が長い普通列車／**根室本線2427D**●222
95 流れゆく大迫力の前面展望をひとり占め／**特急ワイドビューひだ**●224
96 京阪神を最速で結ぶアーバンネットワークの花形列車／**新快速**●226
97 ミナト神戸を走るあの懐かしいスカイブルーの電車／**103系電車**●228
98 時速200キロの高速運転を実現したDT200形台車／**0系新幹線電車**●230
99 国内最速の320キロ運転を誇る〝みちのく新幹線〟／**E5系・E6系新幹線電車**●232
100 さらなる進化を見せる〝新幹線〟という名の輸送システム／**東海道新幹線**●234

執筆者プロフィール●238

※本書で紹介した「鉄道の魅力100」は、現代日本の鉄道に精通し、鉄道をこよなく愛する方々13名の推薦に基づいて構成しています。各本文の末尾には推薦・執筆者の氏名を記載しました。また、とくに記載がない写真は推薦・執筆者が撮影したものです。

1

鉄道写真の原点となった我が故郷の高原鉄道

■小海線（JR東日本）

小海線は我が故郷の鉄道である。両親とも元国鉄職員で父は中込《なかごみ》駅、母は小諸《こもろ》駅に勤務していた。ふたりは職場結婚し、生まれてきたのが私だった。それゆえ生まれつき〝汽車ぽっぽ〟が大好きな子どもだった。鉄道員にはなれなかったが、その代わり、鉄道写真家という生業を得て、これまでに世界92カ国の鉄道を撮影してきた。どの国の鉄道もそれぞれに魅力的だが、一番愛着のある鉄道といったら、やはり、故郷の小海線なのである。

小学校2年生のとき、生まれて初めてひとりで汽車に乗った。中込駅から母の生家のある三岡《みつおか》駅までだ。正直なところ鉄道に乗る喜びよりも恐怖心が先にたった。「人さらいが来たらどうしよう」「三岡駅に着かなかったらどうしよう」「きっぷを落としたら」。8歳の少年は、ポケットの中のきっぷを握りしめ、三岡駅はまだか、まだかとひと駅ごとに駅名を確認した。そしてついに三岡駅に到着！　改札口には従兄弟たちが勢揃いして待っていた。あのときの安堵感と達成感は、今もはっきり覚えている。この汽車旅こそ、私の記念すべきファースト鉄道旅行となった。

ハイブリッドDCキハE200形。信濃川上

野辺山駅の標高標柱

中学生になると乗るだけではなく、鉄道写真に興味をもつようになった。カメラは父親の二眼レフ「リコーフレックス」を借用し、フィルムは安価な「愛光商会ライトパン」（6枚撮り）を買った。たった6枚しか撮れないので失敗は許されない。土曜日の夜、ノートに明日撮ろうと思うスケッチを描いた。今でいう、絵コンテである。そうして、中込駅を翌朝の一番列車で野辺山《のべやま》駅へ。車両は忘れもしないキハ52形ディーゼルカーだ。6時14分、野辺山駅に到着。ホームには「標高一、三四五米六七」の標柱がある。日本で一番標高の高い駅が、我が小海線にあることが誇らしくてならなかった。そして、清里方面に向かって線路沿いの農道を2キロほど歩くと踏切があり、そこに「日本国有鉄道線路最高地点・標高一三七五米」の標柱があった。今も同じ場所に「JR鉄道最高地点」の碑があるが、蒸気機関車「C56」があえぎながら登った急勾配を、今では、世界初のハイブリッド・トレイン「キハE200」が軽やかに駆け抜ける。（櫻井　寛）

←次は 2 予土線です。

八ヶ岳高原を快走するキハ110系ディーゼルカー。野辺山〜信濃川上間

2

四万十川に沿って「鉄道ホビートレイン」が走る

■予土線（JR四国）

3月生まれの私は、毎年3月には決まって四国を旅行する。なぜならJR四国には、誕生月有効の「バースデイきっぷ」があるからだ。3日間有効でお値段は1万280円。1日あたり3427円で、JR四国と土佐くろしお鉄道全線が、それも特急もグリーン車も乗り放題の、超おトクなきっぷである。グリーン車とは無縁な私だが、このときばかりは「いつもグリーン車ですよ！」という得意気な顔で、颯爽と乗り込む私である。

とりわけ、うれしかったことは、松山駅の改札口で女性の駅員さんに「おめでとうございます！」と、いわれたこと。きっぷを見せただけで「おめでとう！」といわれたのは生まれて初めての経験だ。年はとっても、バースデイとはうれしいものである。

その松山駅で、すごいポスターを発見した。初代新幹線0系のような顔をした列車に、「なんだこの列車は!?」「3・15デビュー」「鉄道ホビートレイン」とある。バースデイであろうとなかろうとこれにはぜひ乗りたい。そこで急遽、予土《よど》線に向かうことにした。

翌朝9時26分、特急「しまんと1号」に乗り、窪川《くぼかわ》駅に降り立つ。探すまでもなく「鉄道ホビートレイン」は隣のホームで発車を待っていた。その顔を見た瞬間、ジワーッと熱いものがこみ上げてきた。電車ではなくディーゼルカーだが、サイズは少々小さいものの、私にとってはまぎれもない新幹線「0系」そのものだったからだ。抱きつきたい衝動に駆られたが、それだけは自重

「鉄道ホビートレイン」の車内。四国各地で活躍した国鉄時代の列車が模型で再現されている

車内には初代新幹線0系のオリジナルシートが4席設置されている

した。何人もの子どもたちに囲まれていたからだ。

車内は満員の大盛況だった。窪川駅と宇和島駅（正確には若井～北宇和島）を結ぶ予土線は四国のなかでもローカル線。四万十川《しまんと》に沿って走る風光明媚な路線だが、いつもは満員というわけではない。それが、これほどの大人気なのだから、もっと増便してはいかがなものだろう？　ちなみに座席は4席のみが0系オリジナルシートである。これまた懐かしい。今から52年前、１９６４（昭和39）年に東海道新幹線が開業した当時と同じ座席なのだ。ただし4席のみは少なすぎる。わざわざ「鉄道ホビートレイン」に乗りに来る人の大半が、いや全員が0系オリジナルシートに座りたいはず。欲をいえばトイレも欲しい。所要時間はたっぷり2時間以上。大人は我慢できても、子どもたちが可哀想。次の改造工事では、ぜひ0系シートの増設とトイレの新設を。

（櫻井　寛）

キハ54形ディーゼルカーとトラ45000形による「しまんトロッコ」。西ケ方～江川崎間

←次は 3 肥薩線です。

排気ガスを噴き上げて力走する「鉄道ホビートレイン」。江川崎～半家（はげ）間

3

球磨川と山岳景観が織りなす南九州きっての観光路線

■肥薩線（JR九州）

鹿児島本線の八代《やつしろ》駅と日豊本線の隼人《はやと》駅を結ぶ肥薩《ひさつ》線は、九州南部の山岳地帯を縦断する。それは海沿いを走る鹿児島本線（現在は一部が肥薩おれんじ鉄道）の脇街道のようにも見えるが、実際には鹿児島に達する最初の鉄道として建設された。それは、海岸線に敷設した鉄道は敵国からの攻撃を受けやすいとする軍部の考えに沿ったものであった。全通は1909（明治42）年11月のこと。土木技術が未発達な明治期における建設工事は難航を極めたという。

現代であれば長大なトンネルを掘って一直線に敷設されたかもしれない肥薩線の線路は、随所で蛇行を繰り返して山を越える。途中の大畑《おこば》駅は、ループ線の途中にスイッチバック構造の駅が設けられ、このスタイルは全国で唯一のものだ。矢岳《やたけ》駅と真幸《まさき》駅の間の線路際には「日本三大車窓」と書かれた看板が立ち、列車はここで一時停車をして、乗客を楽しませてくれる。どれも山岳路線ならではのものだ。

このようなロケーションを活かして、現代の肥薩線は観光路線の色合いを濃くしている。観光列車「いさぶろう・しんぺい」は熊本・人吉《ひとよし》～吉松間で運転。和風でまとめられた車内の中央部には展望スペースが設置されている。「はやとの風」は吉松～鹿児島中央間で運転の特急。やはり車内は和風のデザインで、展望スペースや売店も設けられている。そして、2009（平成21）年4月から運転が開始された列車が「SL人吉」だ。機関車は大正生まれの名機8620形だ。

この「SL人吉」が走る人吉までの区間は、球磨《くま》川に沿って線路が続き、随所で美しい眺めを堪能できる。これも肥薩線のもうひとつの顔で、八代～人吉間は「川線」、人吉～隼人間は「山線」とも呼ばれている。（池口英司）

昔ながらのクラシカルな木造駅舎が残っている大畑駅

大畑駅のホーム。やはり昔ながらのスタイルが残されている

肥薩線で「SL人吉」を牽引している8620形蒸気機関車58654号機

←次は 4 宗谷本線です。

スイッチバックとループ線で九州屈指の山岳地帯を越える肥薩線。
写真の右手方向に大畑駅がある

4 無人駅にラッセル車。旅情を誘う最北路線の鉄道風景

■宗谷本線（ＪＲ北海道）

宗谷《そうや》本線は旭川駅と稚内駅を結ぶ、営業キロ２５９・４キロの長大路線。日本の最北を走るということから、旅人憧れの路線でもある。宗谷本線の代表的な鉄道シーンというと、利尻《りしり》富士と列車の組み合わせであるが、魅力はそれだけではない。宗谷本線はＪＲ北海道のなかでもかなり経営が苦しい赤字路線である。板張りホームに貨車を再利用した待合室といった無人駅が多く存在し、これを魅力といったらいささか不謹慎なのかもしれないが、旅情を誘う鉄道風景のひとつといえるだろう。

そしてもうひとつがラッセル車の存在だ。豪雪地帯である宗谷本線には、冬季に限り排雪列車が毎日運転されている。ＤＥ15形ディーゼル機関車にラッセルヘッドを連結した仕様で運転され、豪雪に立ち向かう雄姿は感動そのもの。その姿を写真に収めようと全国各地から鉄道ファンが集まり、それはＳＬ撮影で賑わう路線と変わらないほどの人気である。ラッセル車撮影ツアーなるものが存在するほどだ。

←次は 5 釧網本線です。

板張りのホームに旅情を感じてしまう北星駅。ホームから少し離れたところにある木造待合室はじつに渋い。駅名の響きがとてもロマンチック

単線型ラッセルヘッドは雪を左右両方向へ飛ばす。日中走行するのは宗谷本線のみで、撮り鉄に大人気。日進〜北星間

魅力のきっかけは何であれ、この最北の鉄路を訪れることによって、宗谷本線の応援をしていこうではないか。（長根広和）

5

日本最大の湿原と流氷の海が車窓間近に迫る

■釧網本線（JR北海道）

オホーツク海に臨む網走駅と道東の釧路駅（正式には東釧路駅）を結ぶ釧網《せんもう》本線は、北海道ならではの自然景観を体感できる路線だ。日本最大の湿原である釧路湿原ではタンチョウが舞い、冬ともなればオホーツク海は流氷の海と化す。夏シーズンに運転される「くしろ湿原ノロッコ号」や冬シーズンに運転される「流氷ノロッコ号」「SL冬の湿原号」に乗れば、車内に居ながらにして大自然のドラマを堪能することができる。

釧網本線には、途中下車したい駅も多い。釧路湿原が一望できる釧路湿原駅、摩周湖や屈斜路《くっしゃろ》湖などへの最寄り駅となる摩周駅と川湯温泉駅、世界遺産・知床の玄関口となる知床斜里駅などだ。そして、もうひとつおすすめしたいのが北浜駅である。

北浜駅は、数本の普通列車が停車するだけの小さな無人駅で、駅の周辺にはこれといった観光地もない。そんな北浜駅が注目されるようになったのは、この駅がオホーツク海の海岸線のすぐ近くに建てられているためだった。短い夏はひたすら明るく、冬は雪が舞うオホーツク海を背に

←次は 6 富良野線です。

オホーツク海に吹きわたる風に乗り接岸してくる流氷群のあいまに青い海が絡み合う光景は、一番美しい流氷風景だ。藻琴～北浜間。撮影：猪井貴志

釧路湿原を縫うように流れる釧路川とともに雄大な大自然を満喫できる。釧路川で自然を探索するカヌーツアーを楽しむ人とも出会える。釧路湿原～細岡間。撮影：猪井貴志

北浜駅の旧駅事務室を改装した喫茶「停車場」で、格子の窓越しにオホーツク海を眺めながら食べる停車場ランチとコーヒーは絶品だ

してひっそりとたたずむ駅舎は、まさに絵になる光景である。また、駅舎内には喫茶と軽食の「停車場」があり、流氷の海を間近に眺めたあとにいただく温かいコーヒーの味も格別だ。（池口英司）

6 富良野・美瑛の丘の絶景に鉄道写真家の血が騒ぐ

■富良野線（JR北海道）

北海道・富良野《ふらの》と聞けばあのイメージを思い浮かべるだろう。そう、どこまでも続く丘陵に、大地を染めるラベンダーやジャガイモなどの花の彩り。一度は行ってみたい憧れの風景でいっぱいだ。当然、富良野線もそのような風景のなかを走っていると想像するが、実際は丘陵の谷間を線路が走っており、若干がっかりしてしまうところがある。たが、鉄道写真家としては、誰もがイメージする富良野線の鉄道風景を探し出すのが使命のようなもの。美瑛《びえい》～美馬牛《びばうし》～上富良野……と行くことのできる道をくまなく走り、撮影ポイントを見つける。この作業がとても楽しく、鉄道は絡まないが、富良野・美瑛の美しい風景に出会うことも多い。ロケハンがいつの間にか観光になっているようだ。丘陵の谷間を走るとはいえ、車窓から富良野・美瑛の風景を楽しめないというわけではない。当然イメージどおりの絶景ポイントは点在しており、夏季に運転される「富良野・美瑛ノロッコ号」に乗車すればビューポイントで減速運転をする。そのビューポイントと鉄道撮影地が一致したときが、鉄道写真家としては「してやったり」なのである。（長根広和）

⬅次は 7 五能線です。

畑のパッチワーク模様に赤い屋根の家。メルヘンチックな憧れの風景に出会えるのが富良野線の魅力。美瑛〜美馬牛間

丘陵の谷間を走るエリアが多く、撮る側としては撮影地探しに苦労する路線。でも乗客としては気持ちのいい最高の森林浴である。美瑛〜美馬牛間

７ 「リゾートしらかみ」で訪ねたい日本海に面した観光路線

■五能線（JR東日本）

日本海に面した風光明媚な海岸線を車窓越しに楽しめることで人気の五能《ごのう》線。夕日の美しい日本海だけでなく、世界遺産・白神山地に続くブナ林や日本海に面した温泉、岩木山を眺望する津軽平野など、自然景観を堪能できる観光スポットが沿線に点在。秋田・青森の海の幸や山の幸にも恵まれており、秋田新幹線と東北新幹線を利用した五能線経由の周遊プランを立てることができる。

五能線沿線の美しい車窓が楽しめる列車として、秋田新幹線開業直後の１９９７（平成９）年４月１日に登場したのが快速「リゾートしらかみ」。当初は初代の「青池」編成のみであったが、東北新幹線八戸開業に合わせて２００３（平成15）年４月１日から初代「橅（ブナ）」編成が加わり、さらに２００６（平成18）年３月18日には３本目の「くまげら」編成が登場。秋田～弘前《ひろさき》・青森間で最大１日３往復の運転となり、途中の観光スポットで途中下車して次の列車に乗るという途中下車観光が手軽にできるようになった。

←次は 8 磐越西線です。

日本海の荒波が押し寄せる深浦海岸の岩場を走るハイブリッド車両のHB-E300形を使用した2代目「青池」編成。深浦～広戸間

千畳敷駅で観光停車する「リゾートしらかみ4号」の2代目「橅」編成

2代目「橅」編成の2号車に連結される4人用セミコンパートメント

さらに、最新のハイブリッド車両HB－E300形を使用した2代目「青池」編成、そして2016（平成28）年7月16日からは2代目「橅」編成が運転を開始し、四季折々の日本海の風景を車窓に映して走っている。（結解喜幸）

8

「森と水とロマンの鉄道」を走るSL列車

■磐越西線（JR東日本）

東北本線の郡山駅と信越本線の新津駅を結ぶ磐越西線の旅は、途中の会津若松駅や喜多方《きたかた》駅の辺りを境にして、鮮やかに風景が変わる。郡山から喜多方までは電化区間。線路は磐梯《ばんだい》山の裾野に広がる高原地帯を横断する。車窓には磐梯山が整った姿を見せ、列車が進むに従って少しずつその形を変えてゆく。沿線には温泉も多く、車内にはいかにも観光地を走る列車らしい華やいだ雰囲気が漂う。会津若松は東北屈指の城下町として栄えた場所だ。

ラーメンで名を馳せた喜多方から新津までは非電化区間。それまでの電車に代わり、ディーゼルカーが乗客を運ぶ。やがて阿賀川（阿賀野川）が姿を現す。水量豊かな流れが作り出すたおやかな風景は、この沿線ならではのものだ。列車は森と川を縫うようにして走る。「森と水とロマンの鉄道」という、この区間に付けられた愛称を実感できるはずだ。

そして忘れてはならない存在が、春から秋の週末を中心に新潟～会津若松間で運転されている「SLばんえつ物語」だ。牽引機C57形の端正な姿は、風光明媚なこの路線によく似合う。（池口英司）

➔次は 9 只見線です。

磐梯山をバックに走る観光列車の「フルーティアふくしま」。猪苗代～翁島間。撮影：交通新聞社（下の写真も同）

C57形180号機がグリーン車や展望車を含む7両の客車を牽いて走る「SLばんえつ物語」。上野尻～徳沢間

9

列車と只見川が奏でる魅惑のコンチェルト

■只見線（JR東日本）

只見《ただみ》線は磐越西線の会津若松駅と上越線の小出《こいで》駅を結ぶローカル線だ。この路線の最大の魅力は、車窓から眺める只見川、その支流の破間《あぶるま》川と、新緑や紅葉など、沿線に広がる自然の、四季それぞれの美しさにある。一般的な傾向として、人口過疎地帯を走る鉄道路線は、沿線に雄大な車窓風景が広がるが、この只見線はその好例といえるだろう。国鉄時代の末期には、非採算を理由に廃止が検討されたこともあった只見線だが、沿線が豪雪地帯にあり、代替交通機関もないことから、廃止対象から除外されたという経緯を持つ。

現在は、２０１１（平成23）年7月の豪雨被害によって、会津川口〜只見間が不通のままバス代行輸送となっており、再開のめどもたっていない。しかし、この路線が廃止を免れた状況は今も変わってはおらず、福島と新潟を結ぶ交通路としての価値は高い。

ひとたび列車に乗れば、車窓には只見川が随所に現れ、素晴らしい旅の友となる。全線での運転の再開が待ち遠しい路線だ。（池口英司）

次は 10 鶴見線です。

山あいに沿って流れる只見川に架かる第一只見川橋梁。パープル橋の愛称で多くの鉄道ファンに親しまれている。会津桧原～会津西方間。撮影：猪井貴志（下の写真も同）

只見線は四季折々の節目に多様な彩りを堪能させてくれる。豪雪地ならではの静寂の銀世界には感動さえ覚える。会津宮下～早戸間

10 昭和のレトロ感が漂う大都会のローカル線

■鶴見線（JR東日本）

大正時代に入ると川崎・鶴見地区の埋め立て事業に伴う工業地帯が形成されるようになり、川崎・鶴見地区の工業地帯の貨物輸送を目的として鶴見臨港鉄道が設立された。１９２６（大正15）年3月10日に浜川崎～弁天橋間および大川支線が貨物線として開業。その後は路線の延伸が行なわれ、１９３０（昭和5）年10月28日には全線が電化されるとともに、鶴見仮停車場～扇町・大川間で旅客営業が行なわれるようになった。１９３４（昭和9）年12月23日に国鉄鶴見駅に乗り入れたが、１９４３（昭和18）年7月1日には国有化されて国鉄鶴見線となった。

沿線が、地名のない埋立地であったことから、浅野財閥創設者の浅野総一郎（浅野）や安田財閥の安田善次郎（安善《あんぜん》）、日本鋼管の白石元治郎（武蔵白石）、製紙王の大川平三郎（大川）、大地主の小野信行（鶴見小野）など、当時の実業家や土地所有者から付けられた駅名がある。また、国道15号線が傍らを通ることから国道、芝浦製作所（東芝）の工場に隣接することから新芝浦、海芝浦と付けられた駅名もあり、レトロ感を醸す稀有なローカル線となっている。（結解喜幸）

次は 11 御殿場線です。

駅の外が東芝の敷地内となるため改札口から出られない海芝浦駅。目の前に東京湾の運河と首都高速湾岸線の鶴見つばさ橋が見える

独特なスタイルの屋根がある国道駅ホームに到着した下り列車

駅構内が草に覆われた大川支線の終着駅となる大川駅

国道駅の高架下にある駅施設と昭和レトロを感じる商店街

11 特急「あさぎり」には富士山と桜並木がよく似合う

■御殿場線（JR東海）

東海道本線の国府津《こうづ》駅から分岐して再び同線の沼津駅に至る御殿場《ごてんば》線。鉄道撮影といえば、足柄《あしがら》～御殿場間の富士山ポイントか、山北《やまきた》駅周辺の桜並木ポイントを鉄道ファンならば真っ先に思い浮かべるだろう。この富士山ポイントは数十年前からほとんど風景が変わらず、ＥＦ58形電気機関車が牽引する団体列車や、小田急３０００形ＳＥ車の特急「あさぎり」などが走った時代を懐かしく思う人も多いだろう。今でも週末には多くの鉄道ファンが訪れ、狙いは小田急６００００形ＭＳＥ車の特急「あさぎり」だ。時代は変われど撮影する列車は同じ。特急「あさぎり」は名列車のひとつといってよいのだろう。

そして、もうひとつの名撮影地である山北の桜並木。約１３０本の桜が線路に沿って植えられており、観光名所としても有名だ。例年3月下旬からは「やまきた桜まつり」が開催され、ライトアップもされる。沿線の数カ所に跨線橋があり、絶好の撮影地となっている。とても混雑する撮影地ではあるが一見の価値あり。ここでも特急「あさぎり」をぜひ狙ってみたい。（長根広和）

←次は 12 中央西線です。

御殿場線一番の有名撮影地をゆく特急「あさぎり」。上り列車を撮影するので、貫通型車両が先頭になってしまうのが少々残念なところ。足柄〜御殿場間

まさに春爛漫という言葉がぴったりの山北の桜並木。いくつかある跨線橋は、列車通過時には一般観光客とともに大盛況となる。写真の車両はJR東海の313系電車。山北〜谷峨間

12 木曽エリアに続く中山道の宿場町と列車を絡めて撮る

■中央西線（JR東海）

東京駅と名古屋駅を結ぶ中央本線であるが、塩尻《しおじり》駅を境にJR東海エリアは中央西線と呼ばれている。中央西線は中山道に沿った路線で、木曽エリアでは多くの宿場町のなかを列車は走り抜けている。木曽十一宿のうち、贄川《にえかわ》宿、奈良井《ならい》宿、藪原《やぶはら》宿、宮ノ越宿、福島宿、上松《あげまつ》宿、須原宿、野尻宿、三留野《みどの》宿が中央西線とリンクし、三留野宿以外は駅名にもなっているので分かりやすい（三留野宿の最寄り駅は南木曽《なぎそ》駅）。

なかでも、贄川宿、奈良井宿、須原宿は宿場町と列車をうまく絡めて撮影できるポイントがあり、鉄道風景写真ファンにはぜひ訪れていただきたい。ただし、宿場町ゆえに観光地でもあるため、とくに、重要伝統的建造物群保存地区に指定されている奈良井宿の撮影は早朝がおすすめ。次第に観光客の車が駐車場などに集まってきて、写真として宿場町の雰囲気を損ねてしまうからだ。ＥＦ64形電気機関車が牽引する貨物列車も走っており、編成の長い列車が街道に沿って走る姿は機関車ファンには垂涎ものだろう。（長根広和）

←次は 13 名松線です。

中山道34番目の宿場である奈良井宿。宿場に沿うように中央本線が走っており、鳥居峠へ向かう林道付近から撮影ができる。奈良井～藪原間

山深い木曽路を走る特急「ワイドビューしなの」。美しい風景を堪能できるパノラマグリーン車は、長野方に連結されている。日出塩～贄川間

13

廃止の危機を乗り越えて復旧した三重県のローカル線

■名松線（JR東海）

名松《めいしょう》線は紀勢本線の松阪《まつさか》駅と伊勢奥津《いせおきつ》駅を結ぶ営業キロ43・5キロの支線。名松の「名」は名張《なばり》、「松」は松阪から取っており、計画では名張まで結ばれる予定だった。雲出《くもず》川の渓谷に沿うようにして走る風光明媚な路線で、家城《いえき》駅には腕木式信号機が２００４（平成16）年まで存在。鉄道撮影にはとても魅力的な路線である。２００９（平成21）年10月の台風被害により廃止の危機に直面していたが、２０１６（平成28）年3月26日、約6年半ぶりに全線復旧をした。復旧後も使用車両はキハ11形であるが、ステンレス仕様の３００番台なため、鉄道写真を撮る立場からすると風景に映えず少々残念なところだ。

松阪駅から家城駅までは田園地帯を走る単調な風景が続くが、家城駅から先は風景ががらりと変化して、山深い渓谷を走っていく。列車旅、鉄道撮影ともに、ここからがメインイベント。瓦屋根が輝く美しい集落、山肌に幾重にも続く茶畑、そして雲出川の清々しい流れが車窓に広がる。短い路線ではあるものの、こんなにも撮影地があるのかと思うぐらい風景の変化に富んでいる。

➡次は 14 因美線です。

雲出川の渓谷に沿って走る名松線。1両編成であっても、再び列車の音が山あいに響きわたる日常を迎えられたことに、感無量である。家城〜伊勢竹原間

山あいを進み風景が開けると、そこは伊勢本街道の奥津宿。SL時代の給水塔が見えるとまもなく終点の伊勢奥津だ。（**長根広和**）

終着の伊勢奥津駅付近は、伊勢本街道奥津宿の雰囲気が今でも残っている。比津〜伊勢奥津間

伊勢竹原〜伊勢鎌倉間は、瓦屋根が美しい町並みと茶畑の風景が車窓に広がる

14

中国山地の山里をゆく列車で訪ねたい昭和の木造駅舎

■因美線（JR西日本）

因幡《いなば》と美作《みまさか》を結ぶことから名づけられた因美《いんび》線。かつては山陰と山陽とを結ぶ重要路線であったが、智頭《ちず》急行の開業により往時の賑わいも今や昔。智頭急行と接続する智頭〜鳥取間は、特急「スーパーはくと」や「スーパーいなば」が颯爽と走り抜けるものの、東津山〜智頭間はのんびりしたローカル線の雰囲気いっぱいだ。まさに日本の原風景を感じさせる山あいをゆったりと走り、その魅力を存分に味わうための「みまさかスローライフ列車」が運転されることがある。

沿線の懐かしさあふれる風景のみならず、歴史のある木造駅舎の魅力も忘れてはならない。その筆頭が美作滝尾駅であり、映画『男はつらいよ』最終作の冒頭シーンに登場する。1928（昭和3）年開業時の駅舎は、木製のラッチ（改札口）やベンチなどがそのまま残り、瞬時に昭和時代へタイムスリップした気分になれるだろう。ほかにも、知和《ちわ》駅、美作河井駅、那岐《なぎ》駅と木造駅舎が存在し、因美線の旅の目的のひとつとして駅舎巡りはおすすめだ。ふとあの頃を思い出す、そんな旅ができるのが因美線である。（長根広和）

次は 15 木次線です。

日本の原風景を感じさせる美しい家並みを車窓に、1両編成の列車がのんびり走る。ゆったりとした時の流れを感じる、このうえない贅沢旅だ。那岐～土師（はじ）間

美作滝尾駅の待合室。こんな趣あるラッチから旅がしたい

約90年の歴史がある美作滝尾駅。この木造駅舎は一見の価値あり

桜に包まれる三浦駅。普段は目立たない小さな駅も、春になると一瞬の輝きを放つ

15

神話の里・奥出雲の絶景を満喫するトロッコ列車の旅

■木次線（JR西日本）

木次《きすき》線は、山陰本線の宍道《しんじ》駅から芸備線と接続する備後落合駅までを結ぶ営業キロ81・9キロの路線。宍道〜木次〜出雲横田間はのんびりとした山里を走る区間であり、比較的列車本数が多い。途中の亀嵩《かめだけ》駅は、奥出雲そばで有名な「扇屋」が駅舎内で営業をしている。松本清張の小説『砂の器』に登場することでも有名だ。

出雲横田〜備後落合間は厳しい峠越えの区間となり、出雲坂根駅からの3段スイッチバックを経由して標高を稼ぐ。並行する国道は「奥出雲おろちループ」というループ橋になっており、列車からヤマタノオロチのとぐろに見立てた道路を見ることができる。この区間は列車本数が極端に少なく、1日3往復しかない。厳しい地勢ゆえ、四季の移ろいが美しく、とくに新緑と紅葉シーズンは息をのむほどの美しさである。列車本数が少ないのだが、シーズンには「奥出雲おろち号」というトロッコ列車が運転されている。この列車に乗車するために訪れても大いに価値があるし、四方を山に囲まれた終着駅で深呼吸するだけでも幸せを感じられるはずだ。（長根広和）

← 次は 16 予讃線です。

出雲坂根駅の３段スイッチバック。以前のダイヤでは、最上部と最下部に列車が同時に走行するシーンが撮影できた。動画撮影もオススメ

神社を模した出雲横田駅には大きなしめ縄が入口に掛かっている

ヤマタノオロチをイメージさせるトロッコ列車「奥出雲おろち号」。出雲坂根

亀嵩駅構内で営業する「扇屋」名物の割子そば

16 「アンパンマン列車」も走る高松と宇和島を結ぶメイン路線

■予讃線（JR四国）

高松駅から松山駅を経て宇和島駅に至る予讃線《よさんせん》。瀬戸内海や宇和海に沿って走る路線図を見ると、一度は列車旅をしてみたいと思ってしまう。高松〜伊予市間は電化され、特急「しおかぜ」「いしづち」は岡山・高松〜松山間を8000系または8600系電車で運行されている。以前は2000系気動車で宇和島駅までの直通列車もあったが、現在は特急「宇和海」に乗り継ぎが必要となった。特急列車は内子《うちこ》線を経由したバイパスルートを走るのだが、向井原《むかいばら》〜伊予大洲《おおず》間の海回りルートも存在し、下灘《しもなだ》駅を代表とした瀬戸内海の風景を堪能できるビューポイントが数多くある。路線全体としては、海岸寺駅や浅海《あさなみ》駅付近の海景色、伊予大洲駅付近の肱川《ひじかわ》と大洲城の眺めや、下宇和駅の先にある法華津《ほけつ》峠からのパノラマがビューポイントである。

予讃線は子どもたちにもうれしい路線で、「アンパンマン列車」は大人気。大胆にアンパンマンたちが描かれた列車は8000系、2000系ともに存在し、一部の特急列車に運用されている。旅情を感じる大人の旅から家族だんらんの旅まで、みんなで楽しめる路線である。（長根広和）

次は 17 土讃線です。

一面がみかん畑の法華津峠をゆく普通列車。車窓からは法華津湾が一望できる。勾配がきつく、ゆったりとしたスピードで峠を越えていく。下宇和～立間間

晩秋の肱川をゆったりと渡る普通列車。夕暮れの大洲城を川面に映して。伊予大洲～西大洲間

8000系「アンパンマン列車」は特急「しおかぜ」「いしづち」にて運転。讃岐塩屋～多度津間

浅海～大浦間を走る8000系特急「しおかぜ」

17

小歩危・大歩危をめぐる新観光列車が2017年春登場

■土讃線（JR四国）

土讃《どさん》線は、予讃線の多度津《たどつ》駅から高知駅を経て窪川駅に至るJR四国の基幹路線だ。多度津駅を出て、弘法大師空海の生誕地にある善通寺駅を過ぎ、右手に見えてくる象頭山《ぞうずさん》中腹に鎮座する金刀比羅宮《ことひらぐう》を車窓より参拝。讃岐山脈を全長3845メートルの猪鼻トンネルで抜けると、秘境駅として人気のある坪尻駅だ。箸蔵《はしくら》駅を過ぎ、大きく円弧を描いて四国三郎の異名を持つ吉野川の橋梁を渡ると阿波池田駅。この先、吉野川は様相が一変し小歩危《こぼけ》・大歩危《おおぼけ》と美しい渓谷美を見せてくれる。やがて穴内《あなない》川に架かる橋梁上にホームが設けられているという全国でも珍しい土佐北川駅を過ぎ、南国情緒たっぷりの高知駅に入り、土佐湾を垣間見ながら窪川駅へ向かう。

土讃線随一の景勝地はやはり小歩危・大歩危だろう。その絶景を満喫できるよう「絶景!土讃線秘境トロッコ」が期間限定で運行される。列車は絶景スポットに差し掛かると速度を落とすので、エメラルドグリーンの渓谷からそよぐ風を受けながら、目の前に展開する光景を楽しめる。

このトロッコ列車の運転は2016（平成28）年秋限りで終了するが、代わって2017年4月次は 18 指宿枕崎線です。

小歩危峡に臨んで走る「絶景！土讃線秘境トロッコ」。阿波川口～小歩危間

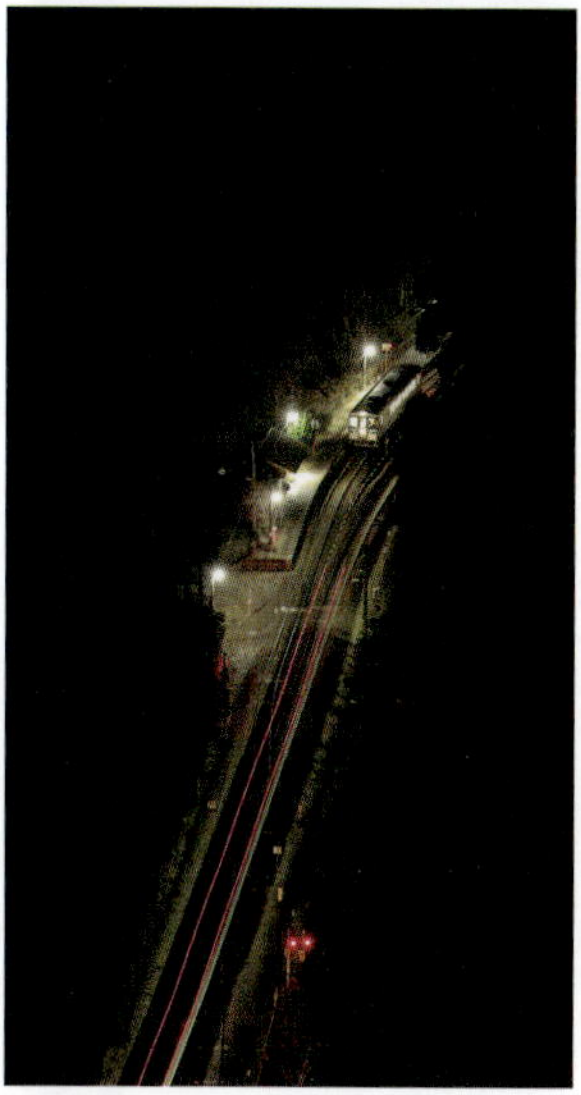
夜の闇に浮かぶ坪尻駅

「アンパンマン列車」で運転される特急「南風」。豊永～大田口間

には「四国まんなか千年ものがたり」が、山と川をテーマに運転開始となる。新しい観光列車がどのような企画で風景を見せてくれるのか今から楽しみだ。（猪井貴志）

18

最南端の駅と開聞岳を望みながら南国ムードの終着駅へ

■指宿枕崎線（JR九州）

指宿枕崎《いぶすきまくらざき》線は鹿児島中央駅から指宿駅を経由して枕崎駅へ至る営業キロ87・8キロの路線。最南端を走るJR路線として有名だ。その最南端とは西大山駅のことで、沖縄都市モノレールが開業するまでは日本最南端の駅でもあった。指宿枕崎とふたつの市の名前が入っているのだが、温泉観光地として有名な指宿市までと、そこから続く枕崎市までの状況はかなり違う様相である。指宿駅までは特急「指宿のたまて箱」が、次の山川駅までは快速「なのはな」が走る一方、そこから終点までの区間は閑散としたローカル線となっている。

ところが、この後半区間がじつに素晴らしいエリアなのである。薩摩のランドマークといえる開聞《かいもん》岳が大山～頴娃《えい》間にかけて車窓を彩り、鉄道撮影地もこのエリアに多く存在する。開聞岳の山頂からは、まるで鉄道模型を眺めているかのように路線を一望することができる。ときおり海岸線を望みながら南国ムードいっぱいの線路を進めば終点の枕崎駅。いわずと知れたカツオ漁の町である。カツオのタタキで焼酎を一杯。「飲み鉄」ができるのも列車旅の特権である。（長根広和）

← 次は 19 大井川鐵道です。

開聞岳山頂から頴娃方面を望む。2両編成の列車がちょうどカーブにさしかかる大パノラマ。鉄道模型のジオラマを見ているような気分だ。開聞～入野～頴娃間

西大山駅にはJR日本最南端の駅記念碑があり、絶好の記念撮影ポイントに

今までホームだけであった枕崎駅に、新駅舎が完成し駅らしくなった

西大山駅付近は、7月下旬にヒマワリ畑になることがある

19

SL動態保存のパイオニアと国内唯一のアプト式鉄道

■大井川鐵道

「日本一楽しい私鉄は?」と、問われたなら、私は迷うことなく「大井川鐵道」と答える。第一の理由に、大井川本線（金谷《かなや》〜千頭《せんず》）の蒸気機関車保存運転がある。今でこそ全国各地で蒸気機関車が復活運転されるようになったが、パイオニアは大井川鐵道だ。今からおよそ45年前、当時、経営の危機に瀕していた大井川鐵道に、名古屋鉄道からひとりの鉄道マンが着任した。後に大井川鐵道の副社長となる白井昭氏（現在89歳）である。

氏は着任するや徹底的な経営の合理化を進める一方、さまざまなアイディア企画を打ち出す。

そのひとつに蒸気機関車の保存運転があった。大井川鐵道では「蒸気機関車は歴史的文化遺産」と位置づけ、イギリス生まれの名機関車「B6

大井川鐵道を代表するSL急行「かわね路」。先頭はC11形タンク機関車。抜里（ぬくり）～川根温泉笹間渡間

エアコンなしで窓の開く旧型客車は子どもたちにとっても興味津々

形」を手始めに、「C11形」「C56形」「C10形」など、多数の蒸気機関車を復元し、博物館の展示物ではなく、本線を走る急行列車の牽引機とし

て動態保存に努めてきた。オフシーズンのごく一時期は運休するが、他の季節は毎日、行楽シーズンともなれば1日3往復運行し、重連、三重連といった特別運行も行なわれる。それが可能なのも多数の蒸気機関車を保有する大井川鐵道なればこそなのだ。牽引される旧型客車も、文化遺産の考え方から極力改造せずに往時の姿のままで走らせている。

一方、井川線（千頭〜井川）は、中部電力が井川ダム建設工事のために敷設したトロッコ軌道が生い立ちで、大井川本線とは趣を異にするこれまた魅力的な鉄道だが、2002（平成14）年竣工の長島ダム建設工事に際しては線路が一部水没するため、トンネルによる迂回ルートが提案された。それに対して白井氏は、トンネルでは、せっかくの奥大井渓谷の眺望が楽しめなくなり、井川線の魅力が台なしになると真っ向から反対。アプト式を導入し、奥大井湖上駅を設置するなど、レインボーブリッジを架け、奥大井湖上をひと跨ぎするじつに魅力的な井川線に造り直したのである。今日の大井川本線の蒸気機関車動態保存と、井川線の風光絶佳な車窓風景は、鉄道経営者、白井昭氏の情熱と努力の賜物なのである。（櫻井　寛）

アプトいちしろ駅で顔を合わせたディーゼル機関車（左）とアプト式電気機関車

➡次は 20 京浜急行電鉄です。

1000分の90、日本一の急勾配を登る井川線トロッコ列車。アプトいちしろ～長島ダム間

20

速いだけではない！ 独自の技術を発揮する〝京急スピリット〟

■京浜急行電鉄

京浜急行電鉄（京急）と聞いて、鉄道に興味がある方ならば少なからず「速い」イメージを持っていることだろう。私も然り。小学校3年生のとき、母親に連れられて横浜→泉岳寺《せんがくじ》→浅草（都営1号線＝現・浅草線）間で京急1000形の特急に乗車した際のこと、新子安《しんこやす》駅付近で京浜東北線の103系を軽々と追い抜き、民家が線路の近くに迫っていても速度が落ちていく気配はない。まだこの頃はロングレール区間が今ほど存在せず、レールのジョイントを通過する際の音と振動「ガタンガタンガタン、ガタンガタンガタン……」と、民家の軒先を通過する風切音がじつに威勢がよかった。

私の〝初京急〟から40年を経た今も、京急の迫力ある走りっぷりは健在だ。現在は車両の主回路制御方式が交流電動機使用のＶＶＶＦ制御となって中～高速域の加速度が向上し、最高速度も横浜駅以北では時速120キロ化されたので、伝統の走りがよりチューンナップされた感じだ。

また、現在は京成電鉄と北総鉄道の車両が京急線に乗り入れる。近年製造された京成の30

➡次は 21 池上線です。

ステンレス製の車体でも極力素材の表面が見えないように伝統の赤とアイボリーのラッピングが施された京急新1000形1800番台。ひと目ではステンレス車体とは分かりにくく、「京急＝赤い電車」へのこだわりが特に感じられる車両だ

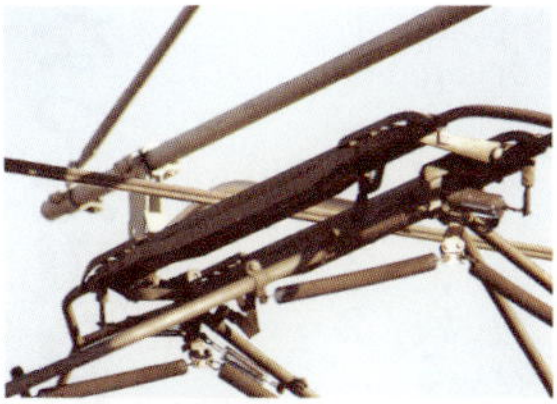

京急では電車線断線の発生を抑えるために独自の合成電車線を採用。車両のパンタグラフと接するトロリー線は1本のみが一般的だが、京急では補助トロリー線をトロリー線の上に設置。2本のトロリー線は電気的にも一体化している。撮影：交通新聞社

万一、踏切で自動車と衝突した際に備え京急では踏切の先に脱線防止ガードを設置。軌間が狭軌（1067mm）より広い標準軌（1435mm）であることに加え、先頭車を電動車として編成内での先頭車重量を相対的に重くし、踏切脱線防止ガードの設置効果を高めている

50形なども京急車と同等の高性能を持ち、しかも京急車の仕様に準じて先頭車は電動車。京急では車両や運転関係のほかに軌道・電車線設備にも、安全・安定輸送のための独自の技術がある。随所に見られる〝京急スピリット〟が、今もなお多くの鉄道愛好者の心をつかんで離さない。（助川和彦）

21

歌のタイトルにもなった東急最古の歴史を有する路線

■池上線（東京急行電鉄）

池上本門寺《ほんもんじ》への参拝客輸送を目的として、１９２２（大正11）年10月6日に池上電気鉄道蒲田～池上間が開業。１９２８（昭和３）年６月17日に残る大崎広小路～五反田《ごたんだ》間が開業して全通した。１９３４（昭和９）年10月１日には東京急行電鉄の母体となる目黒蒲田電鉄に吸収合併されたが、目黒蒲田電鉄は東京横浜電鉄の吸収合併時に社名を逆とし、さらに戦時中の交通統制では東京急行電鉄（大東急）となり、戦後の再発足から社名を引き継いでいる。これにより、五反田～蒲田間は東急池上線、目黒～蒲田間は東急目蒲線となったが、１９７０年代でも戦前製の車両が運用され、最新車両が走る東横線とは比較にならない昭和初期の雰囲気を残す路線であった。

また、池上線の五反田駅は開業当時から山手線のホームよりも高い位置にある高架駅で、古くから映画のワンシーンにも登場。１９８０（昭和55）年２月に地上８階建ての東急五反田ビルが開業すると４階部分に改札口・ホームが設置され、ビルのなかから昭和の風景が残る市街へと出て行く池上線の電車が見られるようになった。（結解喜幸）

⬅次は 22 丸ノ内線です。

東急五反田ビル「レミィ五反田」の４階に直結した五反田駅を発車して目黒川を渡る池上線の電車。撮影：結解　学（下の写真も同）

住宅街を走る池上線の7000系。車両は新しくなったが沿線の風景はあまり変化がない。久が原～御嶽山（おんたけさん）間

22

地上区間が印象的な東京で2番目に開業したメトロ

■丸ノ内線（東京メトロ）

１９５４（昭和29）年1月20日、東京では営団地下鉄（現・東京メトロ）銀座線に次ぐ2番目、全国では大阪市営地下鉄御堂筋《みどうすじ》線・四つ橋線に次ぐ4番目の地下鉄路線として、営団地下鉄丸ノ内線池袋～御茶ノ水間が開業した。開業時に登場した３００形車両は、真っ赤な車体に白帯を配した塗装で、さらに白帯のなかにステンレスのサインカーブ状の曲線を描くという、当時としては斬新なデザインとして注目された。

路線は御茶ノ水駅から東京・銀座・四ツ谷駅を経て新宿駅へと延伸開業し、１９６２（昭和37）年1月23日に新宿～荻窪間の荻窪線が全通。同年3月23日には中野富士見町～方南町《ほうなんちょう》間が開業し、丸ノ内線・荻窪線・方南町支線が全通した。当時も今も、地下鉄は地下区間を走るのが当たり前だが、茗荷谷《みょうがだに》駅の前後や後楽園駅の前後、御茶ノ水～淡路町《あわじちょう》間の神田川橋梁上、四ツ谷駅の前後などに地上区間があるのが、起伏の多い地域を走る同線の特徴となっている。今では相互直通運転で地上を走る地下鉄車両を見ることが普通になったが、四ツ谷駅ホームから眺める都会

の風景と地下鉄車両の出会いは今でも新鮮な感動を与えてくれる。（結解喜幸）

地上に設置された四ツ谷駅を発車した丸ノ内線の02系電車。上智大学のグラウンドや赤坂界隈のビル群が車窓に映し出される。撮影：結解　学（下の写真も同）

御茶ノ水～淡路町間で地上に出て神田川を渡る丸ノ内線。車窓にはＪＲ中央線と聖橋が見える

次は 23 江ノ島電鉄です。

23 住民にも観光客にも愛される古都・鎌倉のかわいい電車

■江ノ島電鉄

正式な会社名よりも「江ノ電」の愛称名で親しまれている湘南の小さな鉄道。全線の開業は1910（明治43）年と100年以上の歴史を誇るが、今日に至るまで、路線の延伸や大きな変更はなく、藤沢〜鎌倉間10・0キロを走り続けている。

沿線の風景には、のどかな雰囲気が漂い、それがこの鉄道の存在感を際だたせている。海のすぐ近くにある鎌倉高校前駅、木造の小さな駅舎の極楽寺駅、どこかモダンな雰囲気もある江ノ島駅など、個性的な駅が多く、江ノ島駅と腰越《こしごえ》駅の間には、路面電車を思わせる併用軌道もある。線路は急カーブを繰り返して民家の軒先をかすめるようにして走り、電車はどれも、小さなものばかり。なかでも300形は、1960（昭和35）年製造のオールドタイマーだ。

そんな江ノ電も、これまで幾度となく廃止の危機にさらされてきた。しかし、渋滞のない電車の特徴が評価されるようになり、ホームに乗車待ちの行列ができるようになった。生活路線と観光路線のふたつの顔を併せ持ちながら、今日も江ノ電は鎌倉の町並みを縫って走る。（池口英司）

⬅次は 24 箱根登山鉄道です。

江ノ島～腰越間には併用軌道があり、路面電車を思わせる情景を見ることができる。広くはない道路の上を電車はゆっくりと走ってゆく

相模湾越しに富士山を望んで走る300形。2016年現在この1編成のみが在籍する。稲村ケ崎～七里ケ浜間。撮影：交通新聞社

鎌倉高校前駅。ホームの上から海を見ることができる駅だ

極楽寺駅。狭い駅前の片隅に、昔ながらの小さなポストが立つ

24

天下の険に挑むスイス登山鉄道との姉妹鉄道

■箱根登山鉄道

我が国に鉄道会社は数あれど、社名に「登山」がつくのは、鋼索鉄道を除けば唯ひとつ、「箱根登山鉄道」である。最急勾配は粘着式としては、世界でもトップクラスの1000分の80、つまり1000メートル進む間に80メートル上昇する急勾配。そして、登山鉄道の代名詞、箱根の山をジグザグに登るスイッチバックも3カ所ある。その箱根登山鉄道の姉妹鉄道が、スイス東部のグラウビュンデン州を走る「レーティッシュ鉄道」だ。2008（平成20）年には「レーティッシュ鉄道アルブラ線・ベルニナ線と周辺の景観」が世界遺産に登録された風光明媚な山岳登山鉄道だが、箱根登山鉄道との姉妹鉄道提携は1979（昭和54）年なので今年で37周年である。

今日、レーティッシュ鉄道には「箱根登山電車」と漢字でラッピングされた電気機関車が走り、サン・モリッツ、アルプ・グリュムなどの主要駅には日本語の駅名板が設置される。一方、箱根登山鉄道では箱根湯本駅、強羅《ごうら》駅に姉妹鉄道の友好碑が飾られ、「サン・モリッツ号」「ベルニナ号」「アレグラ号」が走る。箱根でスイスの登山鉄道気分が味わえる楽しい電車たちだ。（櫻井　寛）

⬅次は 25 富山地方鉄道です。

1000分の71.4の急勾配を駆け上がる1950（昭和25）年生まれのモハ1形104号。大平台付近

2014（平成26）年登場の最新鋭3000形「アレグラ号」。スイス・レーティッシュ鉄道との姉妹登山電車

25 元大手私鉄の名車両とオリジナル車両が共演

■富山地方鉄道

富山県下に100キロを超す路線網を有する富山地方鉄道。鉄道線の本線、立山線、不二越《ふじこし》・上滝線と路面電車の富山市内軌道線があり、通勤通学輸送を担いつつ立山や宇奈月温泉、黒部峡谷などの観光地へのアクセスの役割も果たし「地鉄」の愛称で親しまれている。

運行車両はバラエティに富んでいる。京阪電気鉄道や西武鉄道、最近では東京急行電鉄からの転入車両も活躍する一方で、地鉄オリジナルの車両も元気に走り続けている。とくにモハ14720形やモハ10020形は旧型車と呼ばれ、今でも昭和30年代の登場当時と変わらない白とグレーの塗り分けに赤いラインの入った「ライチョウカラー」を纏《まと》っている。

始発駅の電鉄富山駅には、これらの車両や特急列車に使用されるヘッドマークや方向板がホーム端の壁にずらりと掛けられており、LED表示が全盛の昨今においては貴重な光景だ。沿線には越中三郷《さんごう》・浜加積《はまかづみ》・西魚津駅など開業当初から変わらない木造駅舎が多く残っており、屋根に社紋を掲げたものや駅名表記が右書きのものなど味わい深い。（笠原　良）

次は 26 四日市あすなろう鉄道です。

立山連峰をバックに走るモハ10020形（右の2両）。本線越中荏原～越中三郷間

元京阪テレビカー3000系のモハ10030形（右）と元西武レッドアロー5000系のモハ16010形。本線越中三郷駅

電鉄富山駅に並んだ特急のヘッドマークや方向板

西魚津駅の木造駅舎。駅名表記に注目

26

超ミニサイズのナローゲージ電車が元気に走る

■四日市あすなろう鉄道

かつて近畿日本鉄道が運行していた軌間762ミリの「ナローゲージ」路線が、近鉄四日市～内部《うつべ》間を結ぶ内部線および日永《ひなが》～西日野間を結ぶ八王子線。近鉄は2012（平成24）年8月21日に鉄道を廃止してバス転換すると発表したが、地元の三重県四日市市は鉄道の存続を要望。両者の話し合いの結果、市が車両・施設を保有する公有民営方式とすることになり、2014（平成26）年3月27日に「四日市あすなろう鉄道」が設立された。ちなみに社名の「あすなろう」は、ナローゲージに因んだもの。2015（平成27）年4月1日から新会社での運行がスタートし、さらに同年9月27日には新260系車両（リニューアル車2両＋新造車1両。鉄道友の会の2016年ローレル賞受賞）を導入するなど、今では貴重となったナローゲージ鉄道が存続している。

また、同県北部の西桑名～阿下喜《あげき》間を結ぶ三岐《さんぎ》鉄道北勢線も、元は近鉄北勢線として運行されていたナローゲージ鉄道。2003（平成15）年4月1日から地元自治体の支援を受けて三岐鉄道が運営するようになった。**（結解喜幸）**

次は 27 広島電鉄です。

ブルーとクリームのツートンカラーでデザインされた新260系。冷房装置の搭載や内装の更新が施された。内部線追分～小古曽（おごそ）間。撮影：交通新聞社（下の２点も同）

車体幅が狭い車内は片側1列の座席が配置されている

地元に密着した鉄道として新聞輸送なども担っている。あすなろう四日市

27

市民らによって廃止の危機を乗り越えた日本一の路面電車

■広島電鉄

日本一の路面電車王国といえば広島電鉄（以下、広電《ひろでん》）で間違いあるまい。車両数、乗客数ともに日本ナンバーワン、しかも堂々の黒字経営である。けれども、何の努力もなしに日本一になったわけではない。少なくとも過去に2度、廃止の危機に見舞われた。

1回目は、1945（昭和20）年の原爆投下だ。社史によれば、驚くべきことに、その3日後には焦土と化した市内を電車が走り出したという。生き残った社員らが懸命な復旧工事の末に電車を走らせたのだ。肉親を失い、家を失い、失意のどん底にあった市民が、走る電車を見て、どれほど元気づけられたことだろう。被爆した電車のうち3両は、今も元気に走っている。

2回目の危機は昭和40年代に始まるモータリゼーションにあった。東京、横浜、名古屋、京都、大阪、神戸の6大都市では自動車を優遇し、路面電車を廃止した。広島市でも廃止か存続か意見は分かれたが、他の都市とは逆に自動車ではなく路面電車を優遇し、「軌道敷内自動車乗り入れ禁止」という思い切った措置をとった。市民の愛情が「広電」を救ったのである。

広島駅前にて顔を合わせた2代目700形（左）と、ドイツ生まれの5000形グリーンムーバー

広島駅前をスタートする5100形グリーンムーバーマックス。国産初のフルフラット超低床車となった

広島湾をバックに専用軌道を飛ばすグリーンムーバー。地御前〜阿品東間

今日、営業路線は35・1キロに及び、そのなかで観光客にも人気の路線が広島駅〜広電宮島口間の21・5キロである。ここを走る電車が、ドイツ生まれの低床車「グリーンムーバー」。5両連接で全長は30・5メートル。もちろん、車椅子での乗降もスムーズなバリアフリー電車だ。

JR広島駅前を発車すると、八丁堀、紙屋町と広島の繁華な大通りを行く。道路は渋滞していても軌道敷内自動車乗り入れ禁止なので電車は

←次は 28 札幌市交通局です。

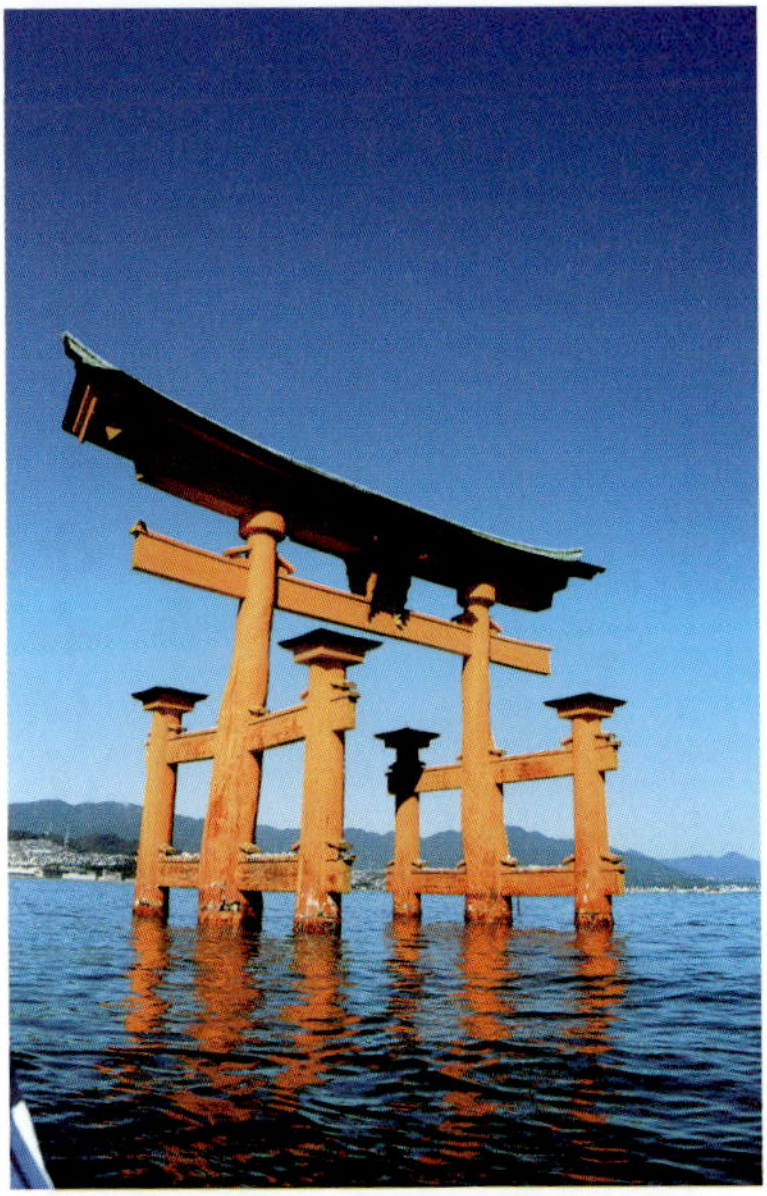

海に浮かぶ世界遺産「厳島神社」の大鳥居

スイスイである。繁華街を過ぎると、左手に原爆ドームが現れる。無残な姿だが、それだけに二度とあの惨禍を繰り返してはいけないという思いにかられる。やがて、広電西広島駅に到着。ここまでが路面区間(併用軌道)、この先は鉄道(専用軌道)となり、スピードも時速40キロから、60キロにアップする。だが、グリーンムーバーは時速90キロは軽く出せるという。全長30メートル以内といい、最高速度といい、日本の古い法律に規制され実力が発揮できないことは残念だ。(櫻井　寛)

28

デュアルサイドリザベーション方式で環状運転が復活

■札幌市交通局（札幌市電）

エコな公共交通機関として見直されつつある路面電車。札幌市では、市営地下鉄が開業し、札幌オリンピックが開催された昭和40年代後半に相次いで廃止され、１９７３（昭和48）年以来、西４丁目〜中央図書館前〜すすきの間の逆コの字状路線で折返し運転を行なう時代が続いていた。

ところが、２０１５（平成27）年12月には、１９７３年に廃止されていた西４丁目〜すすきのの間がおよそ40年ぶりに復活し、再び環状運転が始まった。復活した線路は以前のように車道の中央ではなく、歩道沿いに設置された。これは「サイドリザベーション方式」と呼ばれるもので、鹿児島市電や熊本市電にも採用されているが、札幌市電では日本の路面電車で唯一、複線の線路を車道の片側に寄せるのではなく、両側に振り分ける「デュアルサイドリザベーション方式」を採用している。環状化に際しては、西４丁目〜すすきの停留場間の新線部分に「狸小路《たぬきこうじ》」停留場を新設。西４丁目とすすきのの両停留場は大幅に改修されて面目を一新し、すすきの停留場にはスイッチバック式の折返し設備も設けられた。（佐藤正樹）

←次は 29 万葉線です。

複線の線路を車道の両側に分け、歩道沿いを走るデュアルサイドリザベーション方式で運行

すすきの交差点をカーブする環状線の電車（A1200形）。手前の線路が反時計回りの内回り線、奥の線路が時計回りの外回り線。複線線路が大きくカーブする様子は環状路線のハイライトで、一見の価値がある

29

万葉歌人・大伴家持ゆかりの地を走るアイトラム

■万葉線

万葉線は２００２（平成14）年４月に加越能《かえつのう》鉄道から事業譲渡された第３セクターの鉄道で、富山県第２の都市で「万葉集」ゆかりの高岡市と、射水《いみず》市の港町である新湊《しんみなと》地区を結んでいる。車窓の変化が楽しい路線であり、新装なったＪＲ・あいの風とやま鉄道高岡駅に直結した高岡駅電停を出発すると、まずは駅前商店街から住宅街を道路併用軌道の路面電車として進む。車庫のある米島口《よねじまぐち》を経て六渡寺《ろくどうじ》からは鉄道線となって工場街、港町に入ると船だまりの運河を越え、渡船に連絡する港の突端にある終着駅の越ノ潟《こしのかた》に到着する約50分のミニトリップだ。車両は、７０７０形と連接車体で超低床車の１０００形アイトラム。

かつては終点の越ノ潟から先は富山地方鉄道射水線と線路がつながっており、富山・高岡両市を相互乗り入れの形で連絡していた。富山新港開港の際に分断されて現在は万葉線だけが残り、射水線の廃線跡は一部がサイクリングロードや地鉄バス専用道に転用され、わずかに往時を偲ぶことができる。（笠原　良）

次は 30 とさでん交通です。

沿線がもっとも活気づく「高岡七夕まつり」（毎年8月上旬）。ライトアップされた笹飾りの間を電車が走る幻想的な光景が広がる。高岡駅～末広町間

米島口の車庫には射水線のデ5022号が現存。すでに車籍はないが数年前までは除雪車として活躍していた。富山の鉄道史を後世に伝える貴重な存在だ

運河を渡る超低床車の1000形アイトラム。中新湊～東新湊間

新吉久電停で並んだ7070形（右）と1000形

30

タブレット授受シーンも見られる南国土佐の路面電車

■とさでん交通

とさでん交通の軌道線は、名所・はりまや橋のある高知市を中心に、いの町や南国市を結ぶ路面電車だ。伊野・後免《ごめん》・桟橋の3路線からなり、総営業距離は25・3キロ。道路併用軌道のほかに専用軌道の区間もあり、地元では「とでん」と呼ばれ親しまれている。開業は1904（明治37）年5月と古く、現存する日本最古の路面電車である。県道の中央や住宅と商店の軒先を縫うように走る区間が多いが、はりまや橋の平面交差や朝倉電停と中山信号所では路面電車唯一のタブレット授受など、個性的な路面電車情景が見られる。

主力車両の600形には車齢50年を超えているものもあるが、29両が在籍しまだまだ現役だ。車体はクリーム地に紺色のラインが入った落ち着いたカラーリングの外観で、車内の床が木製の車両もあり、昭和の路面電車の姿を現代に残している。また、近年はとさでんのコーポレートカラーであるオレンジとグリーンをベースにした新しいカラーリングの車両も登場している。その600形をはじめ一部の車両前面に差し込まれる菱形の方向板は「ごめん」「いの」など行き先

➡次は 31 東京モノレールです。

朝倉電停でのタブレット授受。この一瞬を撮りたくて訪れる鉄道ファンも多い

が大きく筆書きされており、とでんのシンボル的存在だ。

海外からの移籍車も名物で、ノルウェー・オスロ、オーストリア・グラーツ、ポルトガル・リスボンの車両が機器をとでん仕様に改造されてイベント時に走行している。（笠原　良）

前後左右から電車がひしめくはりまや橋は、歩道橋の上が一番のビューポイント

2009年にＪＲ高知駅の真正面へ乗り入れるようになってからは一層便利に

31

羽田の発展とともに歩んできた空港アクセス鉄道

■東京モノレール

1964（昭和39）年9月17日、東京オリンピックの開催に合わせ、東京国際空港（羽田空港）と都心を結ぶアクセスとして開業したのが東京モノレール。当時はモノレール浜松町駅と羽田駅をノンストップの15分で結んでいた。車両はコンクリート製の案内軌条を跨ぐスタイルの跨座《こざ》式で、車窓の視界を遮る障害物がないうえ、ほとんどの区間で高架橋上を走るため、開業当時からダイナミックな車窓が話題となっていた。1965（昭和40）年5月27日に初の中間駅・大井競馬場前駅（競馬開催日のみ・1967年から通年営業）が開業し、さらに羽田整備場駅、流通センター駅（当初は新平和島駅）、昭和島駅、天王洲《てんのうず》アイル駅が設置された。さらに羽田空港旅客ターミナルの移転に伴って延伸開業し、2010（平成22）年10月21日には羽田空港国際線ビル駅が開業した。

羽田空港は、国内線・国際線ターミナルビルに数多くの商業施設が入居し、各ビルに展望台も設置されているため、東京の新名所としても賑わうようになってきた。遊園地のアトラクション

←次は 32 生駒ケーブルです。

倉庫群と八潮団地を車窓に京浜運河沿いを走る1000形車両。天王洲アイル～大井競馬場前間。撮影：結解　学（下の写真も同）

「スマートモノレール」を設計コンセプトに開発された最新型の10000形車両。天王洲アイル～大井競馬場前間

のようなワクワク感がある東京モノレールは、空港へのアクセス路線としてだけでなく、観光客にも人気の乗り物となっている。（結解喜幸）

32

「ブル」と「ミケ」が走る我が国最古の鋼索鉄道

■生駒ケーブル（近畿日本鉄道）

１９１８（大正７）年８月29日、宝山寺《ほうさんじ》（奈良県生駒《いこま》市）への参拝客の利便性を図るため、大阪電気軌道（近畿日本鉄道の前身）の系列会社の生駒鋼索鉄道により、日本初となるケーブルカーの宝山寺線鳥居前～宝山寺間が開業した。１９２２（大正11）年１月25日には大阪電気軌道が同社を吸収合併。１９２６（昭和元）年12月30日には宝山寺２号線が開業し、同区間は複線化（単線並列）されて輸送力が増強された。

さらに１９２９（昭和４）年３月27日に生駒山上に開園した遊園地へのアクセスとして、山上線宝山寺～生駒山上間が開業。１９４４（昭和19）年には不要不急線として山上線が休止（翌年に運転再開）、宝山寺２号線は線路撤去となったが、１９５３（昭和28）年４月１日に宝山寺２号線が運転再開した。

戦後は近畿日本鉄道生駒ケーブルとなり、宝山寺１号線には２０００（平成12）年３月１日に運転を開始した車体前面が犬顔の「ブル」と猫顔の「ミケ」が、同年３月18日には山上線に「ド

←次は 33 青函トンネルです。

猫の顔をデザインした「ミケ」と中間地点ですれ違う宝山寺1号線の「ブル」。車両先頭は最高の展望席となる。撮影：櫻井　寛（下の2点も同）

子どもたちに人気の犬の顔をデザインした「ブル」。車掌帽をかぶっている

「ドレミ」（写真）と「スイート」が活躍する山上線

レミ」「スイート」の新型車両が投入された。なお、宝山寺2号線は運転再開の1953（昭和28）年に登場した「すずらん」「白樺」の2台が活躍している。（結解喜幸）

33 新幹線と貨物列車が共存する世界最長の海底トンネル

■青函トンネル（JR北海道）

世界最長の海底トンネルとして青函トンネル（全長53・85キロ）が開業したのは、1988（昭和63）年3月13日のこと。私はテレビのニュース番組で、石原慎太郎運輸大臣（当時）らがテープカットし、快速「海峡」に乗車して青函トンネルを初通過するシーンを、指をくわえながら眺めていたことを覚えている。当時の私はまだ宮仕えの身であり、また青森は遠く、簡単に行ける場所ではなかったのである。

念願が叶い、初めて青函トンネルをくぐるのは、その年の初夏だった。列車は上野～札幌間を直通する初の寝台特急として誕生した「北斗星《ほくとせい》」である。運行開始と同時に爆発的な人気を博し、チケットの入手も困難だったが、ようやくB寝台が取れたのだ。青函トンネルの通過はロビーカーから眺めようと、A寝台個室「ロイヤル」前を通りかかると、通路にたたずんで熱心に車窓を眺めていたのは薬師寺管主の高田好胤さんだった。じつは取材で何度かお目にかかったことがあり、親しくお話しさせていただいた。「北斗星」そして青函トンネルとともに忘れられない思い出となっている。
それから28年後の2016（平成28）年3月26日、北海道新幹線（新青森〜新函館北斗）が開業し、青函トンネルは、新幹線と在来線のデュアルゲージ・トンネルとして生まれ変わった。この日、私が乗車したのは、新青森駅を6時32分に発車する「はやて91号」新函館北斗行きだった。どの列車よりも早く青函トンネルをくぐり抜け北海道入りする一番列車だ。そのためには、前日までに青森入りしなければならないうえ、開業前の4日間、津軽海峡線は新幹線切り換え工事のため全面不通となるため、青森以北の往復割引乗車券は開業当日まで購入できず、非常に割高な一番列車のチケットとなったが、一番列車で、いの一番に北海道入りを果たした気分は最高だった。

奥津軽いまべつ駅に到着するE5系「はやぶさ」

なお、同年6月1日には、スイスのアルプス山中に、全長57・01キロの「ゴッタルド・ベース・トンネル」が開通し、鉄道トンネル世界一の座は奪われてしまったが、海底トンネルとしては今も青函トンネルが世界最長である。（**櫻井　寛**）

次は 34 深川林地です。

青函隧道本州側入口ですれ違う「はやて93号」(左) と「はやぶさ12号」。
遅延により奇跡的に並んだ。北海道新幹線奥津軽いまべつ～木古内間

34 若き鉄道技手の熱意が今も極寒の鉄路を守る

■深川林地（JR北海道・宗谷本線）

ＪＲ北海道宗谷本線の列車は剣淵《けんぶち》〜士別間8・7キロで、線路の両側に立ち並んだ針葉樹の鉄道防雪林の中を分け入っていく。延べ12・7キロにわたって植えられ、面積は68・4ヘクタールに及ぶ。１９００（明治33）年の開業時にはこの鉄道防雪林は存在しなかった。当時、冬になるとこの区間では猛吹雪が吹き荒れ、列車はたびたび立ち往生したという。１９１５（大正４）年には鉄道防雪林としてヤチダモの植栽が試みられたが、過湿泥炭地という土壌の壁に遮られ、苗はまったく育たない。

鉄道省名寄《なよろ》保線事務所の林業技手・深川冬至はこの状況を打破すべく、１９２６（大正15）年からこの区間での植林作業に取り組む。研究の末、網の目のように排水溝を張りめぐらせて地下水位を低下させたうえで、外

←次は 35 東京高架橋です。

防雪林は風に運ばれてきた雪を受け止め、線路上への吹きだまりの発生を防ぐ。北剣淵。撮影：長根広和

来種であるドイツトウヒを植えればよいことを突き止め、1942（昭和17）年12月についに完成する。深川の仕事ぶりは、吹雪の日でも苗の生育状況を見回るほどであったという。

しかし、過労によって病に倒れた深川は1943（昭和18）年に45歳の若さで世を去る。

深川の功績をたたえるため、剣淵駅近くに「緑林護鉄路」と刻まれた顕彰碑が建立され、この区間の鉄道防雪林は「深川林地」と命名された。（梅原　淳）

35 都心を貫き今も現役で活躍する明治の赤煉瓦高架橋

■東京高架橋（ＪＲ東日本）

１８７２（明治５）年10月14日（旧暦９月12日）、新橋～横浜間に日本初の官設鉄道が開業して以来、東京の西の玄関口は新橋駅であった。また、東北線が発着する北の玄関口は日本鉄道の上野駅であったため、東京市区改正意見書で新橋と上野を結ぶ高架鉄道の建設が提案された。１８９６（明治29）年の第９回帝国議会では東京の中心となる中央停車場の建設が決定。まずは１９００（明治33）年から東京～新橋間の高架橋が建設されることとなり、１９１０（明治43）年９月15日に浜松町付近の「新銭座《しんせんざ》」と東京駅北側の「永楽町」を結ぶ赤煉瓦造りの高架橋が完成した。建設時に両端の地名から「新永間市街線高架橋」の名称が付けられていたが、現在は「東京高架橋」と呼ばれている。

高架橋の設計は、ドイツ・ベルリン市街線鉄道（Ｓバーンを代表とする環状線構造）の工事を指導したフランツ・バルツァーを逓信省の技術顧問として迎えて行なわれ、今もなお往時の重厚な赤煉瓦造りの連続アーチを同区間の随所で見ることができる。（結解喜幸）

➡次は 36 五井機関区です。

東京駅に近いエリアでは一部の高架橋壁面が赤煉瓦風にリニューアルされている。撮影：結解　学（下の写真も同）

明治末期の赤煉瓦造りの高架橋がそのままの姿で残る有楽町駅付近の高架橋

36 東京駅から1時間で昭和の鉄道にタイムスリップ

■五井機関区（小湊鐵道）

千葉県の房総半島中央部を走る小湊《こみなと》鐵道。近年、里山ブームで注目が集まり、菜の花や桜、紅葉のシーズンには沿線も大変な賑わいを見せる。ＳＬをモチーフとしたディーゼル機関車が牽く「里山トロッコ号」も走り始め、都心からの小旅行先としてもさらなる人気路線となった。

小湊鐵道の気動車キハ２００形は１９６１（昭和36）年から導入された。クリーム色と赤の塗り分けがシンプルでかわいらしい車両で、温もりのある木造駅舎とともに懐かしさを感じさせてくれる。映画やドラマなどのロケに使われることも多い。

また、始発駅の五井には車両基地となる五井機関区が併設されている。その風格さえ漂う木造の車庫を背に、同一形式に統一された気動車が並ぶ姿は壮観だ。エンジン音を響かせ構内を移動する気動車。いまや希少となってしまった琺瑯《ほうろう》製サボ（行き先板）の交換……。東京駅からＪＲ総武線の快速に乗れば、五井駅まではわずか約１時間。昔日の鉄道シーンに出会える貴重なローカル鉄道だ。（笠原　良）

➡次は 37 電鐘式踏切警報機と腕木式信号機です。

五井駅跨線橋から見たキハ200形一色の光景

青空に桜や菜の花が映える飯給（いたぶ）駅をゆっくりと通過してゆく「里山トロッコ号」

37

「鉄道の原風景」を今に伝える踏切と信号機

■電鐘式踏切警報機と腕木式信号機

現在の日本では電子音式警報機の踏切がほとんどだが、鉄やアルミなどの鐘を鳴らす電鐘式踏切警報機というものがある。かつては日本のあちこちで見られた電鐘式だが、保守の問題などで今では津軽鉄道やアルピコ交通上高地線、三岐鉄道などの地方鉄道でわずかに残るのみ。作動時に踏切信号機の上部などにある鐘を金属棒で中から撞《つ》くので「カチン、カチン」といった澄んだ金属音が特徴だ。鳴動終了時は慣性により警報音がゆっくり終わるので余韻がある。もうひとつのアナログ式の電鈴式踏切警報機とともに、昭和の音色を奏でる踏切警報機である。

津軽五所川原駅構内の腕木式信号機。「ガシャン」という動作音に昭和を感じる

同じくノスタルジーを感じさせる鉄道設備といえば腕木式信号機ではないだろうか。これも電鐘式踏切警報機同様に各地で見られたが、現役で実働しているのは津軽鉄道の津軽五所川原駅と金木《かなぎ》駅のみ。機構は単純で腕木

次は 38 阪急電鉄の三複線です。

警報機の一番上にあるのが電鐘。上高地線の電鐘は着雪を防ぐ傘が付いている。アルピコ交通上高地線北新・松本大学前付近

と呼ばれる板の部分が水平だと「停止」、斜めに下がっていると「進行」を現示する。人力で稼働するため現代の複雑な鉄道システムには対応できず、また保守の問題から消滅の危機にあるが、鉄道遺産として津軽鉄道では活躍し続けてほしいものである。（助川康史）

38

同時発車の3列車が並走する私鉄王国のシンボル

■阪急電鉄の三複線

JRを除く、いわゆる生粋の私鉄界は、その路線規模によって、近鉄、東武、名鉄の順にランキングされることが多いが、こと私鉄のターミナルでは、圧倒的な存在感に彩られているのが阪急電鉄の梅田駅である。右から順に京都本線、宝塚本線、神戸本線の3メインラインが、各3線ずつ、合計9線がずらりと横一列に並ぶ様は、私の知るかぎり、ヨーロッパまで行かないと、お目にかかれないのではなかろうか。しかも、発着する阪急電車のカラーは、1両の例外もなく「阪急マルーン」を纏っている。私鉄王国「阪急」を強烈に感じさせてくれる阪急梅田駅なのだ。

発車がまた格好いい。とくに毎時0分には、時報とともに扉が閉まるや否や、3列車が同時にスタートを切る。阪急ファンならずとも、しびれてしまう瞬間だ。なお、たまにタイミングがずれることもあるが、たいてい駆け込み乗車が原因とのことである。

同時発車後は淀川を渡河し十三《じゅうそう》駅までの2・4キロの区間を肩を並べて併走する。三複線化されたのは1959（昭和34）年のこと。阪急電鉄の先見の明には驚くばかり。（櫻井　寛）

➡次は 39 余部橋梁です。

1号線から9号線までずらりと阪急電車が並ぶターミナル阪急梅田駅

梅田～十三間の三複線を併走する左から京都本線、宝塚本線、神戸本線の列車

39

「東洋一のトレッスル橋」は展望台となって今に

■余部橋梁（JR西日本・山陰本線）

余部《あまるべ》橋梁は山陰本線鎧《よろい》〜餘部《あまるべ》間（兵庫県香美《かみ》町）にある鉄道橋である。一般には余部鉄橋の名称で呼ばれていて、鉄道ファンならずともその名を耳にした人は多いのではないだろうか。橋梁の全長は約310・6メートル、高さは約41・5メートルで、下から見上げた姿はまさに天空に架かる橋である。

以前の橋梁は鉄骨を組み合わせたトレッスル橋で、構造的な美しさから「東洋一のトレッスル橋」との呼び声も高かった。現在は2代目でPCエクストラドーズド箱桁橋といわれる構造の現代的なすっきりした容姿となった。2010（平成22）年8月12日に旧橋から役目を引き継いでいる。

この余部橋梁を楽しむなら、鎧駅から普通列車に乗って餘部駅に向かうルートをおすすめする。座席は進行方向に向かって右側がベスト。鎧駅を出発した列車は3つ目の余部トンネルを抜けるとすぐに余部橋梁を渡る。天気がよいと紺碧の日本海が眼下に広がり、絶景車窓を堪能できる。

←次は 40 瀬戸大橋です。

現在の余部橋梁はすっきりとした印象。白い橋梁が紺碧の海に映える

旧橋梁の一部を整備・活用した展望台

餘部駅に到着したら旧橋の一部を展望台として整備した「余部鉄橋　空の駅」にも立ち寄りたい。日本海の風を肌に感じながら眺める山陰海岸の風景は、車窓と違いまた格別である。（**助川康史**）

40

瀬戸内海を越えて本州と四国の懸け橋となった巨大構造物

■瀬戸大橋（ＪＲ四国・本四備讃線）

瀬戸大橋は１９８８（昭和63）年４月10日に供用を開始した本州の岡山県と四国の香川県を結ぶ本四連絡橋である。本州から四国までがひとつの橋と思われがちだが、じつは瀬戸大橋という名称は総称で、全部で10基の橋梁と高架橋によって瀬戸内海を越えている。全長は高架部を含めると13キロを超える巨大構造物で、外から眺めた橋の存在感には誰もが圧倒されるだろう。

瀬戸大橋は上部が瀬戸中央自動車道、下部が本四備讃線（瀬戸大橋線）の２層構造であるため鉄道道路併用橋に分類される。将来的に新幹線の開通を見越した４線分の設計となっているが、

現在、在来線が使用するのは橋の下部中央の２線分。鉄桁などで列車からの眺望には多少制約があるものの、瀬戸内海のはるか上を

➡次は 41 鋼管電化柱です。

瀬戸大橋は「マンパワー」で作り上げた人工物ではあるが、美しく見えるのはなぜだろう。瀬戸大橋線児島〜宇多津間

走る車窓からの眺めは他の路線では見ることのできない絶景である。

瀬戸大橋線を利用するなら、やはり眺望のきくほうの車窓を選びたいもの。ならば上り下り問わず進行方向左側の海に面した席を選ぼう。さらに名曲『瀬戸の花嫁』で描かれた、夕日に輝く瀬戸内海の風景を味わいたければ、夕方の上り列車（岡山方面行き）がおすすめだ。（**助川康史**）

41 熊本地震からの早期復旧で実証された新幹線の地震対策

■鋼管電化柱（JR九州・九州新幹線ほか）

去る2016（平成28）年4月14日21時26分に発生した熊本地震により、熊本～新八代間を走行中の九州新幹線の回送列車が脱線してしまう。線路や施設にも大きな被害が生じた。いっぽうで、2011（平成23）年3月11日に発生した東日本大震災が東北新幹線に及ぼした被害と比べると違いが見られる。架線を支える電化柱が東北新幹線では約540本も折損したのに対し、九州新幹線ではほぼ無傷であったのだ。その理由は電化柱の材質にある。東北新幹線盛岡以南の架線柱は、おもにコンクリート柱であるのに対し、九州新幹線ではより耐震性に優れた鋼管柱が採用されたからだ。

新幹線は地震の被害に遭うたびに耐震性を強化してきた。先行するP波を検知して列車を停止させる早期地震検知システム、列車の脱線を防ぎ、また脱線しても軌道から大きく逸れないようにする脱線防止ガードやストッパー、阪神淡路大震災以降強化された耐震基準に則って施工された耐震補強工事の数々と枚挙にいとまがない。鋼管柱もそのひとつで、1997（平成9）年10

←次は 42 京都鉄道博物館です。

月1日に開業した北陸新幹線高崎～長野間で初めて導入された。鋼管柱は整備新幹線とそれ以前に開業した新幹線とを見分ける差異のひとつであり、新幹線の地震対策の貴重な実証例となった。

（梅原　淳）

度重なる激しい揺れにもかかわらず、九州新幹線に5390本建てられた鋼管柱はほぼ無傷であった。新玉名～熊本間。撮影：交通新聞社

鋼管柱に高張力シンプルカテナリが整備新幹線の特徴を示す。東北新幹線七戸十和田～新青森間

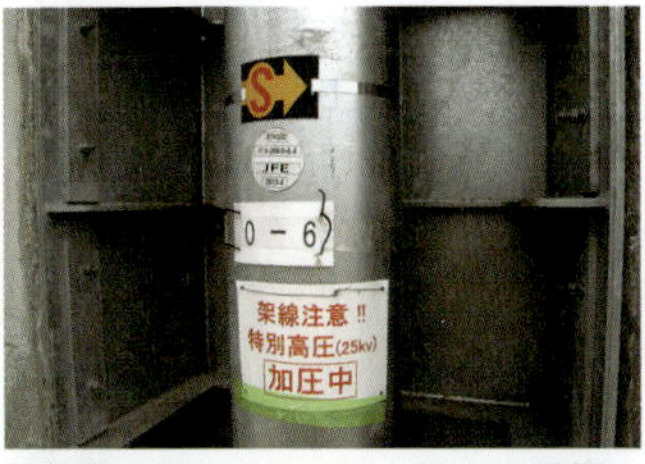

鋼管柱に張られたシールから、種類はSTK500という炭素鋼鋼管、2013年4月JFEスチールが製造と分かる。北海道新幹線新青森～奥津軽いまべつ間

42 リニューアルによって生まれた西日本随一の鉄道博物館

■京都鉄道博物館（京都市下京区）

「京都鉄道博物館」がオープンしたのは2016（平成28）年4月29日。この場所には以前「梅小路《うめこうじ》蒸気機関車館」があった。それは鉄道100年の記念事業の一環として1972（昭和47）年10月にオープンした施設で、蒸気機関車の保存を積極的に手がけてきたが、2014（平成26）年4月に閉館した大阪市の「交通科学博物館」と施設を統合し、併せて展示物のリニューアルを図ってのオープンとなった。新築された本館のほかに、「梅小路蒸気機関車館」時代に施設の中核となっていた扇形車庫や転車台、蒸気機関車の保存運転用の線路施設なども引き続き使用されていることから、さいたま市の「鉄道博物館」や名古屋市の「リニア・鉄道館」とともに、日本有数の、鉄道をテーマにした博物館に生まれ変わったのである。

本館内には、国の重要文化財に指定されたSLの230形233号機をはじめ500系新幹線521形1号車、キハ81形3号車などの貴重な車両が展示される一方、運転シミュレータ、鉄道ジオラマなどを設置。エントランスホールから続くプロムナードには、C62形蒸気機関車26号機やクハ86形1号車などが展示され、扇形車庫には20形式の蒸気機関車が保存されている。さらに、本館脇の「トワイライトプラザ」にもＥＦ58形１５０号機や「トワイライトエクスプレス」仕様の24系客車スロネフ25形５０１号車などが展示されていて、どのような世代の人でも懐かしさを感じられる車両が保存されていることが、大きな魅力となっている。

蒸気機関車館当時から行なわれていた動態保存運転も客車を新造して継続。おもに８６２０形８６３０号機とＣ62形2号機を使用して、懐かしい音色の汽笛を響かせている。（池口英司）

プロムナードに並ぶ（右から）0系21形1号車、クハ86形1号車、C62形26号機。撮影：交通新聞社（下の2点も同）

本館2階の鉄道ジオラマ。線路の長さ合計は1000メートルを超える日本最大級のジオラマだ

動態保存運転の「SLスチーム号」を牽く8620形8630号機

GEKKO
雷鳥

次は43アプトの道です。

本館入口に並ぶ（左から）500系521形1号車、クハネ581形35号車、クハ489形1号車。撮影：交通新聞社

43 産業遺産として甦った碓氷峠に刻まれた轍の跡

■アプトの道（群馬県安中市）

後に信越本線の一部となる横川〜軽井沢間、いわゆる碓氷《うすい》峠越えの鉄道が開通したのは、1893（明治26）年4月1日のことであった。この区間には1000分の67（66・7‰）という急勾配があり、これを克服するためにアプト式鉄道が採用された。これは2本のレールの間に歯形を刻んだレールを敷設し、機関車に装備した歯車を噛み合わせることで、この急坂を上り下りするというシステムであった。

しかし、アプト式鉄道も技術の進歩によって不要となり、1963（昭和38）年9月末に廃止される。アプト式による旧線は廃止となって新線に切り替えられ、不要となった旧線の軌道跡は荒れるにまかせる形となった。

この廃線跡が整備されて、遊歩道「アプトの道」として甦ったのは2001（平成13）年のことであった。当初は「めがね橋」までだったが、その後さらに延伸され、2012（平成24）年3月末には、熊ノ平信号場跡までの5・9キロが歩けるようになった。

「めがね橋」の愛称もある碓氷第三橋梁は国の重要文化財にも指定されている。橋梁上は「アプトの道」で自由に歩くことができる

横川駅の構内の外れから始まる遊歩道は、ところどころで緩やかに弧を描きながら、しかし決して平坦になることなく、ひたすら峠を目指す。道は碓氷湖のかたわらを通り、深い森を抜けて続く。「アプトの道」は舗装され、トンネル内の照明も整備されて歩きやすくなっているが、その道のりは明治の昔と変わりない。古来より難所とされた峠越えの鉄道の建設は、難工事の連続であったに違いない。

１９９７（平成９）年の新幹線の開通によって横川〜軽井沢間の路線自体が廃止となった翌々年には、峠越えの専用機関車ＥＦ63形の基地だった横川機関区の跡地に「碓氷峠鉄道文化むら」が開園し、ＥＦ63をはじめとした多数の車両が保存・展示されている。「アプトの道」とともに訪ね、峠に挑んだ鉄道人の気概に思いを馳せてみよう。（池口英司）

「アプトの道」は線路跡に沿ってなだらかに続いている。道はほぼすべての区間が簡易舗装されているので、安心して歩くことができる。途中までは新線の下り線の軌道が残り、トロッコ列車「シェルパくん」が走る

レンガ造りの建物が修復されている旧丸山変電所。「アプトの道」の起点から比較的近いところにある。この建物も国の重要文化財に指定

←次は 44 タウシュベツ川橋梁です。

「アプトの道」はトンネル内も自由に通行できる

横川駅に隣接する「碓氷峠鉄道文化むら」。碓氷峠越えの鉄道に関する史料も豊富に展示されている

「アプトの道」の終点になっている熊ノ平信号場跡。往年の雰囲気が、そこかしこに残っている

44

渇水期のみ姿を現す廃止ローカル線のアーチ橋

■タウシュベツ川橋梁（北海道上士幌町）

北海道の中央部、帯広から北へおよそ50キロの山間部に、渇水期にのみ糠平《ぬかびら》湖の湖上に姿を見せるアーチ橋がある。タウシュベツ川橋梁である。

湖面が凍る1月頃から姿を見せ、夏頃には湖底に沈むこの橋梁は、１９３７（昭和12）年に完成した長さ１３０メートルのコンクリートアーチ橋。傷みも目立ち始めてはいるものの、美しいシルエットは昔日のままだ。元々は国鉄士幌《しほろ》線の橋梁として架けられたもので、ダム建設に伴う線路位置の変更によって用途廃止となり、士幌線そのものも、１９８７（昭和62）年3月に廃止となってしまった。道央の豊かな森林資源を搬出することを主目的として建設された同線だったが、コストの低い輸入木材の台頭によって林業が下火になると、鉄道の運行も困難になったのだった。

その後、この橋梁の存在が知られるようになり、廃線跡も一部が

次は 45 青函連絡船です。

士幌線のタウシュベツ川橋梁は、コンクリートアーチの風化が進んでいるが、古い時代の遺跡を思わせる堂々とした構えが残っている。見学は、上士幌町観光協会のホームページなどで確認を

整備され、遊歩道として活用されるようになった。タウシュベツ川橋梁にも多くの人が出向くようになったが、事故が多発したことから、今では橋に通じる林道の入口にはゲートが設けられている。見学には許可などが必要だが、橋梁の姿はまるで古代ローマ時代の遺跡のようにも見える。（池口英司）

45 海峡に刻んだ80年の歴史を語る2隻のメモリアルシップ

■青函連絡船

1908（明治41）年3月7日、本州の青森港と北海道の函館港を結ぶ国鉄直営航路の青函連絡船が開業した。当初は連絡船が直接着岸できる岸壁がなく、旅客・貨物ともに小型蒸気船やハシケを利用していたが、両岸壁が整備されて着岸が可能となると1925（大正14）年8月1日から日本初となる大型車載客船「翔鳳丸《しょうほう》」型4隻による鉄道車両航送を開始した。戦後は戦時中に失った車載客船を補うために新造船の「洞爺丸《とうや》」など4隻が就航したが、1954（昭和29）年9月26日の洞爺丸台風によって、多くの人命と連絡船を失う国鉄史上に残る大惨事となった。

1964（昭和39）年5月10日には最新鋭の性能と設備を誇る車載客船「津軽丸」が就航。これ以降は津軽丸型の「八甲田丸」「松前丸」「大雪丸」「摩周丸」「羊蹄丸《ようてい》」「十和田丸」が就航し、1970年代には貨車航送船を合わせて1日30往復が運航される最盛期を迎えることになった。その後は客貨ともに輸送量が減少の一途をたどり、洞爺丸事故をきっかけに建設が推進された青函トンネルの開業に合わせて青函航路は廃止となる。1988（昭和63）年3月13日、函館港発

←次は 46 赤沢森林鉄道です。

青森港の旧連絡船桟橋の岸壁に係留される「八甲田丸」。函館港へ向けて出港する往時の姿を今も見ることができる

17時の青函22便「羊蹄丸」、青森港発17時5分の青函7便「八甲田丸」が最終便となり、約80年に及ぶ歴史に幕を閉じた。現在、青森港に「八甲田丸」、函館港に「摩周丸」が係留され、連絡船の歴史や資料を展示する「青函連絡船メモリアルシップ八甲田丸」および「函館市青函連絡船記念館摩周丸」となっており、往時の青函連絡船の輸送状況を体感することができる。（結解喜幸）

本州～北海道間の貨車の積み込みが行なわれた桟橋

青森港周辺の生活をテーマにした展示がある桟敷席

46 自然公園に動態保存された「きそしん」の面影

■赤沢森林鉄道（長野県上松町）

かつて「きそしん」の愛称で親しまれた森林鉄道があった。それは木曽森林鉄道を略したもので、営林局の管轄下で、木曽谷で産出されるヒノキなどの木材を搬出するために運行された森林鉄道を総称したものである。鬼淵《おにぶち》～三浦本谷間48・4キロを結ぶ王滝線が「本線」の役割を果たし、最盛期には総計400キロを超える路線網が、木曽谷の奥深くまで延びていた。車両も個性豊かな面々が揃い、古い時代にはアメリカ・ボールドウィン社製の蒸気機関車が活躍。主力は木材を運搬する運材車だが、山間部に住む作業員の散髪を車内で行なう「理髪車」という珍しい車両が、テレビCMに登場したこともあった。

最後の森林鉄道となった王滝線も、1975（昭和50）年3月31日に姿を消した。しかし、木曽谷のシンボルであった森林鉄道の姿を残すべく、長野県上松町にある「赤沢自然休養林」内の「赤沢森林鉄道」で復活運転を開始。園内に約2キロの線路が敷設され、ディーゼル機関車がトロッコ列車を牽引。静態ながらボールドウィン社製の蒸気機関車も保存され、ありし日の「きそ

←次は 47 明延鉱山です。

「赤沢森林鉄道」に保存されているボールドウィン社製の蒸気機関車。
撮影：櫻井　寛（下の写真も同）

しん」の姿を偲ぶことができる。赤沢森林鉄道は４月末から11月初旬の間に、特定日を除いて連日、運行され、今や赤沢自然休養林の主役的な存在となっている。（池口英司）

紅葉の林のなかを走るディーゼル機関車が牽くトロッコ列車

47

地域再生の核となった現代の「一円電車」

■明延鉱山（兵庫県養父市）

明延《あけのべ》という地名を聞いても、すぐにその場所を思い浮かべることができる人は少ないかもしれない。兵庫県養父《やぶ》市大屋町明延。山陽本線の側からも、山陰本線の側からもほぼ等距離と思える山間部にあるこの地を知らしめたのは、鉱山の存在だった。

平安時代には掘削が始められたというこの鉱山では、銅・スズ・亜鉛などが産出され、1912（大正元）年には山ひとつ隔てた神子畑《みこばた》に設けられた選鉱所まで鉱石を運搬するための軌道「明神電車《めいしんでんしゃ》」が敷設され、1952（昭和27）年からは鉱山の従業員とその家族を1円の料金で運び始めたことから「一円電車」の愛称も付けられた。「一円電車」は、山深い明延のシンボル的存在となった。

そんな「一円電車」も鉱山の閉山とともに廃止となったが、この鉄道を復活させようという動きが起こり、2010（平成22）年10月から、町内の「あけのべ憩いの家」周辺に70メートルの線路を敷設しての保存運転が開始された。客車は、鉄道が現役時代に使用されたもので、春から次は 48 筑後川昇開橋です。

明延で春から秋にかけて月１回開催されている保存運転。客車の「くろがね号」は、「明神電車」で、実際に使用されていた車両だ

秋の第1日曜日に運転が行なわれ、併せてライブ演奏などのイベントも開催されるようになったのである。いま「一円電車」は、再び明延のシンボル的存在となっている。（池口英司）

「くろがね号」の車内。大人は背をかがめなければ乗車できない

静態保存されている「明神電車」の車両。じつに個性的な面々だ

48 廃線になっても存在感を誇示する壮大な遺構

■筑後川昇開橋（福岡県大川市・佐賀県佐賀市）

国鉄佐賀線が廃止されたのは1987（昭和62）年3月28日のことで、この4日後には国鉄の分割・民営化が実施され、JRが発足した。最晩年の国鉄は、自らの生き残りを賭けるようにして、地方閑散線区の廃止を続けたが、それも結局は抜本的な解決策とはならなかったのである。佐賀線も一連の廃止によって姿を消すことになった路線のひとつだった。

福岡県の瀬高《せたか》駅と佐賀県の佐賀駅を結んでいた同線の諸富《もろとみ》〜筑後若津《わかつ》間には、筑後川に架かる筑後川橋梁があった。筑後川を航行する船舶があることから、この橋梁は昇開橋として作られた。すなわち、川の中央部に架かる橋桁部分が昇降し、これによって船舶の通行を可能にするというものである。可動部の長さ24メートル、昇降差23メートルという規模の橋は「東洋一の可動式鉄橋」と呼ばれることもあった。そんな昇開橋は鉄道が廃止となった後も取り壊されることはなく、1996（平成8）年には遊歩道として開通、2003（平成15）年には国の重要文化財に指定された。そして今もライトアップが行なわれるなど、その存在感は失われていない。（池口英司）

➔次は 49 東京駅です。

今も現役時と変わらない姿で保存されている筑後川昇開橋。堂々たる構えで、日本機械学会の機械遺産にも指定されている

夜間には昇開橋のライトアップも行なわれている。幻想的なその姿には、昼のものとは異なる魅力が感じられる

49

最新の技術を駆使して現代に甦った「中央停車場」

■東京駅（JR東日本・JR東海）

東京駅は意外と新しい駅だ。開業は1914（大正3）年12月20日のことで、山手線の29駅のなかでも4番目に新しい駅なのである。それはこの駅が、東京の新しいターミナル駅として建設されたという経緯によるものだ。

日本の鉄道の創業時から、東京から東海道を西へ向かう路線のターミナルは新橋駅だった。しかし、新しい都市計画の一環で都心部を貫く市街線の構想が生まれ、その中間で皇居にも近い「三菱ケ原」と呼ばれる地が、新しい「中央停車場」の建設予定地に選ばれた。新駅の設計には洋風建築の設計で名を馳せていた辰野金吾を起用し、1日に積む煉瓦の数を規制するなど、慎重な工事をもって建設が進められたのである。こうして完成した中央駅は「東京」という駅名になり、新しい時代の鉄道の象徴的存在になったのである。

この丸の内駅舎は戦災によって3階部分などが焼失したものの原型を留めていたが、1960（昭和35）年頃から新駅舎への建て替え構想が浮上。最終的にはこの駅舎を保存・復原する方針で工事が進められ、２０１２（平成24）年10月、創建時の優美な姿が甦ったのである。

現在の東京駅は、新幹線の乗り入れをはじめとする大規模な改良工事が幾度となく繰り返された結果、地下の総武・横須賀線と京葉線のりばを含めて在来線９本18面、新幹線５本10面のホームを有する、日本最大の駅としての機能を発揮している。また、従来の八重洲《やえす》駅舎は取り壊されて、両翼に高層ビルを従えた「グランルーフ」に変身。駅ナカ商業施設も充実の一途で、東京駅はまさに「ステーションシティ」として進化を遂げている。（池口英司）

「東京ミチテラス2015」でライトアップされた丸の内駅舎。撮影：交通新聞社（下の2点も同）

新幹線ホームではJR東日本の列車（右）とJR東海の列車が顔を合わせる

丸の内北口のドーム天井

三井住友信託銀行
アールエフ

➡次は 50 札沼線新十津川駅です。

日本の中央駅としての風格と先進性を兼ね備えた東京駅の全景。
撮影：交通新聞社

50

始発列車は最終列車!?　日本一終発が早い駅

■札沼線新十津川駅（JR北海道）

終発といえば、大都市では0時を過ぎるのが当たり前。地方都市でも23時台のところが多いだろう。ところが、北海道には終発が朝の9時台という駅が存在する。それが札沼線《さっしょう》の終点・新十《しんと》津川《つかわ》駅だ。２０１６（平成28）年3月のダイヤ改正で、浦臼《うらうす》～新十津川間の列車が3往復からわずか1往復に減便され、新十津川駅を発着する列車は、9時28分着の５４２５Dと折返しの9時40分発５４２６Dのみに。こうして新十津川駅が日本一終発の早い駅となったのだ。

札沼線は、１９７２（昭和47）年に新十津川～石狩沼田間が廃止されて以来、新十津川駅が終着駅となっているが、途中の北海道医療大学駅までは電化され、札幌駅から直通の電車が多数、運転されている。大都市近郊の近代化路線と超ローカル線という、ふたつの顔をもつ路線でもある。札幌駅発6時58分の電車に乗れば、石狩当別駅で前記の５４２５Dに乗り継ぐことができる。

終発が早いと帰路が心配になるが、新十津川駅は函館本線滝川駅と4キロ程度しか離れていないうえに、駅に近い新十津川役場と滝川駅に隣接する滝川ターミナルの間には北海道中央バスの路

次は 51 山形鉄道荒砥駅です。

折返し石狩当別へ向けて発車する5426D。キハ40形400番台1両のみの運行となっている

線バスが24往復半運行されている。新十津川駅で終列車を見送っても、このバスを利用すれば、滝川駅へ容易にアクセスすることができるわけだ。

（佐藤正樹）

5426Dが発車した後の新十津川駅。終発が出ても駅には出入りできるようだ

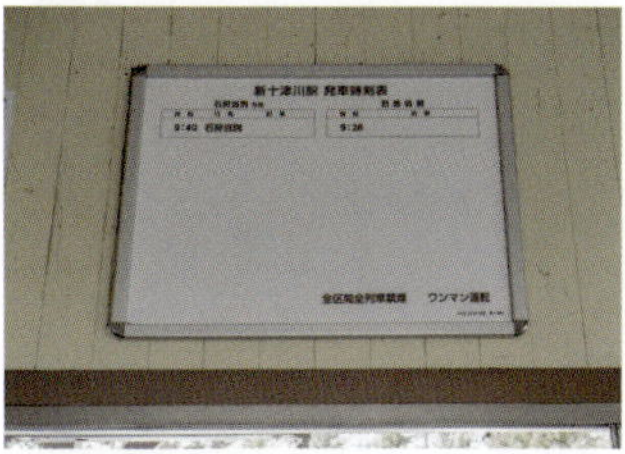

上下各1本しか記されていない新十津川駅の発着時刻表

51 最上川に架かる日本最古級の現役鉄橋

■山形鉄道荒砥駅

最上《もがみ》川流域をたどる山形鉄道は、旧JR東日本の長井線。沿線に果樹園や花畑が多く見られ、通称「フラワー長井線」とも呼ばれる。山形新幹線も停車する赤湯駅から延びる第3セクター路線で、その終点が荒砥《あらと》駅だ。

荒砥駅のある白鷹町は、朝日連峰の山麓に位置し、鮎と蕎麦が名産。最上川を少し下れば、観光築《やな》としては日本最大級の「白鷹ヤナ公園」がある。線路はホームの少し先で、北へ向けて途切れている。開業当初は、ここからさらに最上川沿いを北上し、約30キロ先の左沢《あてらさわ》駅（現・JR左沢線）へと至る「左荒《さこう》線」の構想があった。「左荒線」は昭和初期に測量が行なわれ、閣議決定もされたが、戦争により計画は中止。当駅は1923（大正12）年の開業以来、終着駅のままである。

荒砥の見どころは、駅から徒歩10分ほどの、全長318メートルの最上川橋梁（荒砥鉄橋）。3連のトラス（橋桁）は1886（明治19）年のイギリス製で、当初は東海道本線の木曽川橋梁次は 52 日光線日光駅です。

荒砥駅のホームの先にある車止めの付近は草地が広がる。遠方は朝日連峰

に使われていたもの。1923年に、東海道本線の輸送力増加にともなう架け替えにより、こちらに転用。国内最古級の現役鉄橋であり、土木遺産としての価値がきわめて高い。橋上からは、朝日連峰の眺めが素晴らしく、山形鉄道の車窓ハイライトでもある。（谷崎　竜）

白鷹町の中心からやや離れているため、駅周辺はひっそりとしている

明治時代のトラスが架かる最上川橋梁

52

大正の香りを今に伝える洋風駅舎

■日光線日光駅（ＪＲ東日本）

栃木県の宇都宮駅と日光駅を結ぶ日光線は、私鉄の日本鉄道の支線として１８９０（明治23）年8月に全線開業した由緒ある路線。昭和になって東武鉄道が日光に乗り入れるまで、日光詣でのメインルートであった。列車は西にそびえる男体山《なんたいさん》を目指して走り、江戸時代に植栽された日光街道の杉並木が車窓に現れると、やがて終点の日光駅に到着する。

駅舎は左右対称の木造2階建てで、１９１２（大正元）年8月に2代目駅舎として建てられたもの。ＪＲ東日本管内では最古の木造駅舎であり、ホーム側の改札口の脇には、大正天皇が使用した貴賓室が残されている（内部は通常非公開）。駅舎の正面入口の庇《ひさし》には、天井に「鳴き竜」が描かれ、真下で手を叩くと、わずかだが天井が共鳴する。日光東照宮にある本地堂の「鳴き竜」を思わせる。2階へ上がると、かつての1等旅客専用の待合室を利用した「ホワイトルーム」がある。西洋風のハーフティンバー様式の窓や、天井から吊り下がるシャンデリアは当時のままという。日光山内への観光に出発する前に、ふと足を止めたくなる駅である。（谷崎　竜）

⮌次は 53 上野駅です。

復元工事によって往年の美しさを取り戻した日光駅舎。撮影：交通新聞社

大理石の暖炉がある貴賓室の内部。撮影：交通新聞社

ギャラリーとして活用されているホワイトルーム

2009（平成21）年に開業120周年記念事業の一環で駅舎内の待合室などはレトロ調にリニューアルされた。撮影：交通新聞社

53

啄木ならずとも郷愁を覚えてしまう頭端式の地平ホーム

■上野駅（JR東日本）

1883（明治16）年7月28日、上野〜熊谷間を開業した私鉄の日本鉄道の起点駅として、上野・寛永寺の子院跡に建てられたのが上野駅。当時は頭端式の地平ホームのみが設置され、後に開業した東北本線や常磐線の列車が発着するようになった。1925（大正14）年11月1日に上野〜東京間の高架旅客線が開業すると、上野駅は地平ホームと高架ホームを有する一大ターミナルとなり、東京から東北・常磐・上信越方面への起点駅として発展。関東大震災で焼失した初代駅舎に代わり、1932（昭和7）年4月には現存する2代目の駅舎が落成した。

駅舎内には地平ホームが見渡せる中央改札があり、1951（昭和26）年に掲げられた猪熊弦一郎作の壁画「自由」と列車の発車案内板が、北への旅人の想い出に残る風景となっていた。また、岩手県渋民《しぶたみ》村（現・盛岡市）出身の石川啄木は上野駅を幾度となく訪れ、「ふるさとの訛なつかし　停車場の　人ごみの中に　そを聴きにゆく」という故郷を懐かしむ短歌を詠んでおり、15番線の車止め前の通路には歌碑が建てられている。なお、高架下に位置する13番線は、東

←次は 54 東武鉄道浅草駅です。

発車案内板が電光掲示、改札口がIC対応自動改札となったが、北への旅人の思い出に残る光景は今も変わらずに残っている

北本線の名だたる優等列車が発着したところで、近年では上野〜札幌間の寝台特急「北斗星」や「カシオペア」が発着していた。現在、地平ホームを発着する優等列車は常磐線の特急列車がメインとなったが、地平ホームに立つと特急列車が顔を並べていた往時の賑やかさを感じることができる。（結解喜幸）

上野駅の魅力のひとつが頭端式のホームに車止めがある光景

15番線の頭端の通路に設置された石川啄木の歌碑

54

隅田川とスカイツリーが似合う下町・浅草の表玄関

■東武鉄道浅草駅

ホーム先端では渡り板を使用

1931(昭和6)年5月25日、地上7階・地下1階の商業ビルの1階に出札口、2階に改札口やホームがある駅ビルとして建設されたのが、東武鉄道の起点駅となった浅草駅。昭和初期のアール・デコ調のデザインを取り入れたモダンな建物で、浅草寺《せんそうじ》の門前町として賑わう繁華街の玄関口にふさわしいものであった。同年11月には「松屋」がテナントとして入居したため、関東では初の百貨店が併設された本格的な駅ビルとなった。この駅舎とほぼ並行して隅田川が流れているため、駅を発車した列車はすぐに直角に折れて隅田川橋梁を渡るという厳しい立地となった。開業当時は編成も短いのでホームの使用も問題はなかったが、今や10両編成がメインの東武線において、6両編成に限定(1番線のみ8両編成まで可能)される駅構造やホームの幅の狭さが輸送のネックとなっている。

次は 55 青梅線奥多摩駅です。

東京スカイツリーをバックに隅田川橋梁を渡る200系特急「りょうもう」。東武スカイツリーライン浅草～とうきょうスカイツリー間。撮影：結解　学

なお、浅草駅開業時に架けられた橋長166メートルの隅田川橋梁（別名は花川戸鉄道橋）は、車窓からの隅田川の景観に配慮して中路カンチレバーワーレントラスというスタイルで架設。東京スカイツリーと列車と鉄橋を組み合わせた風景は浅草の新名物となっている。（結解喜幸）

駅を発車すると急カーブで隅田川を渡る

55

渓谷の絶景を堪能するローカル線の終着駅

■青梅線奥多摩駅（JR東日本）

JR青梅《おうめ》線は、立川駅から青梅街道に沿って、奥多摩駅へ至る営業キロ37・2キロの路線。途中の青梅駅を過ぎると、緑に覆われた多摩川の渓谷に沿って走り、一気にローカルムードが高まる。進むにつれて多摩川の水は澄んでいき、いつしか清流の様相となる。

立川駅から1時間10分ほどで、終点の奥多摩駅に到着。山腹に沿って湾曲したホームに降り立つと、さわやかな山の気配に包まれる。ついさきほどの、ビルに囲まれた立川駅の喧騒とは、まるで別世界だ。起点と終点で、環境がこれほど変化する路線も珍しい。この「動」から「静」へのギャップが、青梅線の魅力でもある。

奥多摩駅の標高は東京都のJR駅でもっとも高い343メートル。山小屋風の2階建て駅舎が迎えてくれる。ここは東京都最高峰の雲取山（2017メートル）をはじめとする、奥多摩の山々の登山拠点。週末などは、リュックを背負った多くの登山客が利用する。景色だけでなく客層も、立川周辺とは大きく様変わりする。

←次は 56 銚子電気鉄道外川駅です。

奥多摩の山峡にたたずむ山小屋風の駅舎

ホームは山の地形に沿って急カーブを描く。列車は、青梅駅で運転系統が分かれ、青梅～奥多摩間はE233系の4両編成で運転されている

駅前には、ワサビなどの名産品を売る店や、昔ながらの食堂が軒を連ね、昭和の気配が濃厚だ。駅前道路をはさんで、多摩川の支流、日原川《にっぱら》が流れる。そのスリルのある渓谷風景を眺めるだけでも、当駅を訪れる価値がある。（谷崎　竜）

56 関東東端のひなびた漁師町にたたずむ木造駅舎

■銚子電気鉄道外川駅

銚子電気鉄道は、JR総武本線の終点・銚子駅を起点に、太平洋に突き出た銚子半島の丘陵地をたどる全長6・4キロのミニ路線。昭和30年代製造の元京王車両が走り、タブレット交換や硬券きっぷなど、昔ながらの鉄道情緒を残す貴重な路線だ。その終点が外川《とかわ》駅である。終点のひとつ手前の犬吠《いぬぼう》駅は、犬吠埼の最寄り駅。観光駅らしく、駅舎は「ポルトガルの宮殿」風のつくりで、絵柄タイルの壁が美しい。

列車は犬吠駅を出ると、約2分で外川駅に着く。時間が半世紀ほど戻ったような、古い木造駅舎が迎えてくれる。駅前はひなびた漁師町の雰囲気で、徒歩3分のところに、小型漁船が停泊する外川漁港がある。ホームの末端部には、近年引退したデハ800形が留置され、車内は「銚電昭和ノスタルジー館」として、鉄道備品などが展示されている。古色蒼然とした駅舎は、1923（大正12）年の開業以来のもの。木製のベンチや出札口が、当時の面影を伝える。天井から下がる白熱灯や手書きの料金表も、昔ながらのものだ。

次は 57 上越線土合駅です。

まもなく築100年を迎える外川駅舎。駅前の丸ポストも似合っている

車止めの先に、引退したデハ800形が留置されている

華やかな犬吠駅とは対照的なたたずまいだが、終着駅情緒に満ちた味わいがある。銚子電鉄の最後のひと駅区間は、ちょっとしたタイムスリップ感覚が味わえる。（谷崎　竜）

57

地下70メートルにホームがある「日本一のモグラ駅」

■上越線土合駅（JR東日本）

上越線の土合《どあい》駅は、下り線ホームが新清水トンネルの中に設置されている。駅舎と上り線ホームは地上にあり、下り線ホームとの間に81メートルの高低差がある。この間は462段の階段（少し離れた位置にさらに24段の階段も）で結ばれていて、長い階段の脇には、ところどころにベンチが設置されている。これはもちろん、階段を上る利用客の休憩用だ。

上越線は首都圏と新潟を直結するべく建設が進められた路線。その最後の開通区間となった水上《みなかみ》～越後湯沢間は1931（昭和6）年に電化開業したが、上越国境にそびえる山々は峻険で、土合～土樽《つちたる》間に全長9702メートルの清水トンネルを掘削し、その前後をループ線で結ぶことで克服した。そして戦後になって複線化が実施され、1967（昭和42）年9月には全長1万3500メートルの新清水トンネルが開通。その途中に土合駅の下り線ホームが設けられたのだった。

1982（昭和57）年11月には上越新幹線が開業し、登山客らが自動車利用にシフトした今、

←次は 58 篠ノ井線姨捨駅です。

土合駅の下りホームと駅舎を結ぶ長い階段。この階段を谷川岳への最初の関門と形容した雑誌記事もあった

土合駅駅舎。上越国境の鉄道は、冬の間、深い雪に閉ざされる

長い階段の途中には、利用客が休憩するためのベンチも設置されている

この駅を利用する人は極端に少なくなってしまったが、階段も、そのかたわらに置かれたベンチも、昔と何も変わらないまま、利用客を迎えている。

（池口英司）

58 善光寺平を俯瞰する日本三大車窓のスイッチバック駅

■篠ノ井線姨捨駅（JR東日本）

日本三大車窓のひとつとして知られているのが、姨捨《おばすて》駅付近から眺める善光寺平の風景。ちなみに日本三大車窓とは旧国鉄が制定したとされるもので、あとのふたつは北海道・根室本線の狩《かり》勝《かち》峠（路線のルート変更で消滅）から眺める風景と、九州・肥薩線から眺める霧島連山やえびの高原の風景となる。

1900（明治33）年11月1日、篠ノ井～西条《にしじょう》間の開通により姨捨駅が開業。稲荷山駅付近から冠着《かむりき》トンネルまで25‰の上り勾配が続く途中に設置されたため、開業時から停車列車はスイッチバックしてホームに入る方式となった。篠ノ井寄りの稲荷山駅の標高は358・0メートルであるのに対し、姨捨駅の標高は約200メートル高い551・2メートルとなり、この駅間で車窓に見える風景が大きく変化するのが分かる。実際、列車に乗車して車窓を眺めていると、どんどんと高度が上がっていくのを実感できる。姨捨駅を通過する特急列車などは本線を直進してスイッチバックに入らないが、停車列車は一旦引き上げ線に入り、バックして姨捨駅のホームに到

←次は 59 飯田線の秘境駅です。

篠ノ井線を走る列車の車窓に映し出される日本三大車窓のひとつ・善光寺平の景観。四季折々の美しい風景が楽しめる。稲荷山〜姨捨間

着する。

近年は日本夜景遺産に認定されたほか、古くからの名勝である「田毎《たごと》の月」でも有名なエリア。観月と雄大な風景が楽しめる観光スポットとして注目されており、JR東日本ではクルーズトレイン「TRAIN SUITE 四季島」の運転開始に合わせて、姨捨駅を整備する予定となっている。

（結解喜幸）

姨捨駅ホームの下に篠ノ井線を走る列車が見える

1934（昭和9）年建築当時の姿に復元された姨捨駅舎。停車中の車両はしなの鉄道の「ろくもん」

59

伊那谷をゆく路線に好奇心をそそられる駅あり

■飯田線の秘境駅（JR東海）

愛知県の豊橋駅と長野県の辰野駅を結ぶ飯田線は、営業キロ195・7キロに94もの駅があり、JRの本線系統以外では最長、最多駅の路線だ。94の駅のなかには、秘境駅・難読駅といわれる駅がいくつもあり、次の駅がどんな駅なのかワクワクさせられる。秘境駅とする明確な基準はないが、鉄道以外に訪れる手段がない、辺りに人家がまったくない、利用者がほとんどいない、駅に通じる道もない……そんな駅が「秘境駅」と呼ばれるようになった。

小和田《こわだ》駅もそんな秘境駅のひとつ。1993（平成5）年の皇太子徳仁親王と皇太子妃雅子さまとのご成婚の折には、駅名が皇太子妃の旧姓である小和田《おわだ》と同表記であることから、恋愛成就にあやかろうとする人々で賑わった。秘境駅はほかにも、中井侍《なかいさむらい》、為栗《してぐり》、千代などがある。また難読駅は、出馬《いずんま》、大嵐《おおぞれ》、鼎《かなえ》など。

そんな、好奇心をそそられる飯田線の秘境駅や難読駅を定期的に訪れて綺麗に清掃する人たちがいる。それほど人気の高い路線なのである。（猪井貴志）

⬅次は 60 名古屋鉄道名鉄名古屋駅です。

静岡・長野県境の深い渓谷に沿って走る飯田線の列車。小和田～中井侍間

飯田駅を過ぎれば南アルプスと中央アルプスが左右の車窓に展開する。千代～天竜峡間

名勝・天竜峡に沿って走る特急「ワイドビュー伊那路」。田切～伊那福岡間

小和田駅に停車する臨時列車の急行「飯田線秘境駅号」。撮影：交通新聞社

60

1本の線路に全国一の本数の列車が発着する駅

■名古屋鉄道名鉄名古屋駅

名古屋鉄道名古屋本線の名鉄名古屋駅に敷設された線路は上下線の２本だけ。これら２本の線路のそれぞれ両側に長さ１９５メートルのプラットホームが置かれた３面２線というつくりになっている。プラットホームに発着する列車は相対式の１番線が名鉄岐阜方面、島式の２・３番線が特別車専用（２番線は名鉄岐阜方面、３番線は豊橋方面）で、相対式の４番線は豊橋方面だ。

この駅を発着する列車の本数は極めて多い。２０１５（平成27）年5月1日現在、平日には名鉄岐阜方面が４４９本、豊橋方面が４５９本の計９０８本に達する。日中でも最短２分間隔で列車がやって来るという具合に、わずか１本の線路にこれだけの列車が発着する駅は全国一だ。次点は小田急電鉄小田原線下北沢駅の新宿方面の３７９本であるから、いかに多いかが分かるであろう。

名鉄名古屋駅の構内は狭い。次々と到着する列車に乗り降りする人たちでごった返すので、プラットホームに長居するのは大変だ。そのうえ天井も低いので圧迫感も強い。その名鉄名古屋駅次は 61 東海道本線美濃赤坂駅です。

名鉄名古屋駅は1941（昭和16）年8月12日の開業時にまずは岐阜方面の列車、1944（昭和19）年9月1日に豊橋方面の列車が乗り入れ、都心貫通型のターミナルとなった

島式ホームで客扱いを行なう、中部国際空港アクセス特急「ミュースカイ」の特別車。ホームの有効長はすべて195メートルだ

も改築が予定されている。２０１１（平成23）年度に１日平均50万４３９８人が乗降する駅は、どのように生まれ変わるのであろうか。（梅原　淳）

61

宿場町の玄関口にふさわしい風格ある木造駅舎

■東海道本線美濃赤坂駅（JR東海）

大垣駅を出発した2両編成の列車は、しばらく東海道の本線を走り、通称・美濃赤坂支線に入ると単線となった。右車窓に見える山は、上質な石灰岩でできた金生山《きんしょうざん》。江戸時代から続く採掘のため、山腹が大きく削られ、異様な山容をしている。大正時代に、その石灰輸送の目的で敷設されたのが、この支線である。

大垣駅から7分で、終点の美濃赤坂駅に到着。隣接する貨物の操車場は広いが、旅客ホームは1本のみで、ホームの先に年季の入った木造駅舎が建つ。「東海道本線」の駅とは思えないひなびた風情だ。入口の柱に記された資産標には、路線開業時の「大正8年」の文字。駅舎内は木製ベンチがあるだけで殺風景だが、昨今の都市部の駅にはない、懐かしい木の温もりが感じられる。

「大正8年築」を示す建物資産標

駅前に広がる町並みも魅力だ。ここは中山道の、江戸から数えて57番目の宿場・赤坂宿。杭瀬《くいせ》川の舟運で賑わった宿場で、港や本陣跡、古い道標

片側のみの旅客ホームに隣接して、貨物の側線がいくつも並ぶ

などが、街道時代の面影を伝える。近隣の宿場に比べて多くの史跡が残るのは、東海道本線の本ルートから外れたことも一因だろう。まもなく築100年を迎える木造駅舎は、趣のある旧宿場町の玄関口として、ふさわしい風格がある。（谷崎　竜）

国鉄時代と変わらない、昔ながらの木造駅舎

駅舎内からホームを望む

62

10年間で大変貌を遂げた関西の巨大ターミナル駅

■大阪駅（JR西日本）

1874（明治7）年5月11日、官設鉄道大阪～神戸間の路線が開業したのと同時に、大阪府の玄関口として開業した梅田に位置する大阪駅。1889（明治22）年7月1日には新橋～神戸間の東海道線が全通し、日本の大動脈の西の代表駅となった。国鉄の分割・民営化後はJR西日本の所属となり、東海道本線・山陽本線・北陸本線・関西本線・福知山線・阪和線方面への直通列車が発着する一大ターミナルとして発展してきた。

2000年代に入ると大阪駅の改良計画が本格的に検討されるようになり、大阪駅周辺の再開発エリアを含む駅全体の複合施設「大阪ステーションシティ」が計画され、2004（平成16）年5月からホームの改良工事などが本格的に行なわれるようになった。そして、2011（平成23）年5月4日に5代目となる大阪駅舎と大阪ステーションシティがグランドオープン。駅北側に「ノースゲートビルディング」、駅南側に「アクティ大阪」を増築した「サウ

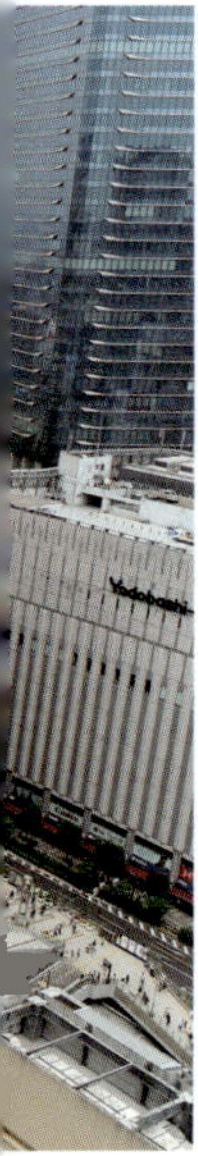

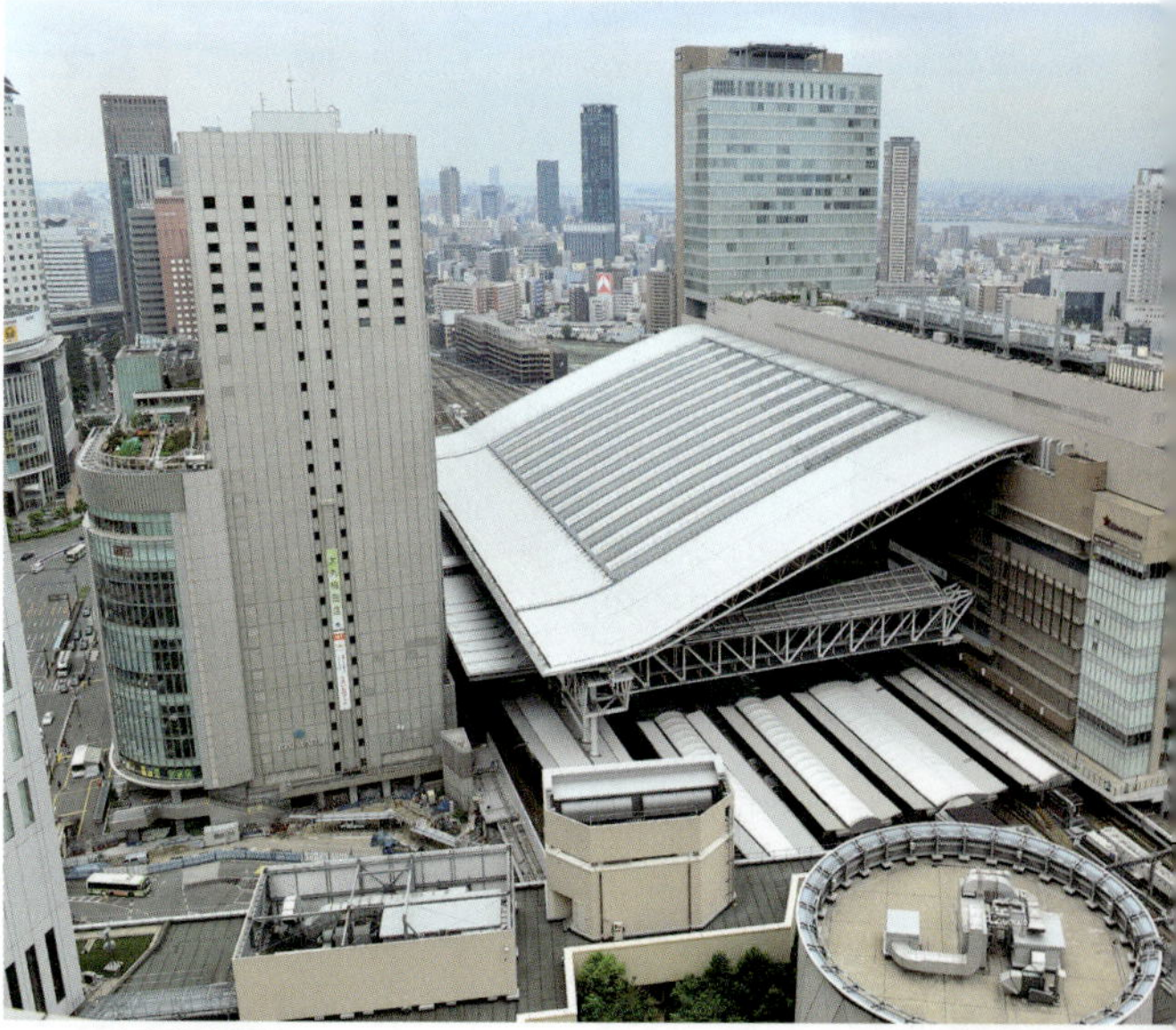

ホーム中央部を覆う巨大な大屋根が設置された大阪駅。画面左のビルが「サウスゲートビルディング」、反対側が大阪駅北口となる「ノースゲートビルディング」。撮影：交通新聞社

スゲートビルディング」があり、南北ふたつのビルの間には、ホーム中央部を覆う巨大な大屋根が設置された。大屋根の下には橋上駅舎や改札口、両ビルを結ぶ南北通路があり、さらに阪急梅田駅や南側の歩道橋に繋がるデッキ、梅田北ヤードの「グランフロント大阪」にもつながるデッキが設置されるなど、梅田エリアの中心街としての役割を果たすようになった。（結解喜幸）

63

駅舎で初めて重文指定を受けた鹿児島本線の起点駅

■鹿児島本線門司港駅（ＪＲ九州）

関門トンネルが開通するまで九州の玄関口として賑わったのが、鹿児島本線の起点となる門司港駅。私鉄の九州鉄道の起点として１８９１（明治24）年４月１日に開業した初代の門司駅となるところで、下関駅との間は関門連絡船によって結ばれていた。１９１４（大正３）年１月15日に初代駅舎より２００メートル移設して２代目の駅舎が建築されたが、すでに関門トンネルの建設が進められていたため、門司駅の移転（関門トンネル開業で当時の大里《だいり》駅が門司駅となった）を考慮し、簡易な木造建築になったといわれている。

ドイツ人技師ヘルマン・ルムシュッテルの監修の下に建てられた駅舎は、ネオ・ルネッサンス様式が取り入れられており、駅舎内の随所にモダンな雰囲気が漂う重厚な木造建築物となった。当時としては珍しい水洗式トイレを備

←次は 64 温泉施設のある駅です。

国の重要文化財に指定された重厚でモダンな雰囲気が漂うネオ・ルネッサンス様式の木造駅舎。保存修理工事のため、現在は仮駅舎が使用されている。
撮影：交通新聞社

え、青銅製の手水鉢《ちょうずばち》や大理石とタイル張りの洗面所、御影石の男性用小便器などが残されている。

門司港駅は、駅舎としては初めて国の重要文化財に指定されたほか、北九州炭鉱や鉄道と港関連で近代化産業遺産にも認定されている。なお、２０１８（平成30）年３月までの予定で大規模保存修理工事が行なわれている。

（結解喜幸）

64

列車を降りたらそこは温泉！　駅前ならぬ駅ナカ温泉

■温泉施設のある駅

1986（昭和61）年8月8日、国鉄長野鉄道管理局の「一駅一名物」として中央本線上諏訪駅の1番線のホーム上に設置されたのが温泉浴場。これが駅構内に設置された温泉入浴施設の第1号とされるものだが、同施設は2002（平成14）年7月9日、足湯施設にリニューアルされており、同様の足湯施設は久大本線由布院駅や釧網本線摩周駅・川湯温泉駅、陸羽東線鳴子温泉駅など全国の温泉最寄り駅に数多く設置されている。

現在、駅舎内や駅構内に温泉入浴施設があるのは、北上線ほっとゆだ駅をはじめ、秋田内陸縦貫鉄道阿仁《あに》前田駅や石巻線女川《おながわ》駅、山形新幹線高畠駅、上越新幹線越後湯沢駅、上越新幹線ガーラ湯沢駅（季節営業）、飯山線津南《つなん》駅、わたらせ渓谷鐵道水沼駅、飯田線平岡駅、長良川鉄道みなみ子宝温泉駅、予土線松丸駅、南阿蘇鉄道阿蘇下田城ふれあい温泉駅（熊本地震による被災で営業休止中）の12施設がある。

1989（平成元）年4月1日、北上線陸中川尻駅の新駅舎に設置されたのが「ほっとゆだ」

次は65民宿天塩弥生駅です。

東日本大震災の被災により建て替えられた石巻線女川駅。駅舎2階に温泉施設、3階には展望施設が併設されている

で、浴室内には列車の到着時刻に合わせて点灯する信号機を設置。到着の45分前は「青」、30分前は「黄」、15分前には「赤」となる。１９９１（平成３）年６月20日には駅名自体も「ほっとゆだ」に改称された。なお、東日本大震災で被災した女川駅は、２０１５（平成27）年３月21日に営業を再開した新駅舎に、温泉施設「女川温泉ゆぽっぽ」を併設した合築駅舎となっている。（結解喜幸）

女川駅舎2階に設置された温泉施設。写真提供：女川温泉ゆぽっぽ

駅舎2階に温泉施設、駅前に足湯を設置した予土線松丸駅

65

廃駅跡に「駅」を開業させた元鉄道マンの情熱

■民宿天塩弥生駅（北海道名寄市）

函館本線の深川駅と宗谷本線の名寄《なよろ》駅とを結んでいたＪＲ深名線《しんめい》が、１９９５（平成7）年9月に廃止されてから20年あまり。現在も鷹泊《たかどまり》・沼牛・政和・添牛内《そえうしない》の各駅が廃止当時の面影をとどめているが、２０１５（平成27）年の秋、天塩弥生《てしおやよい》駅の跡地に忽然と姿を現したのが、この民宿「天塩弥生駅」だった。

宿を営むのは、国鉄や京王電鉄で車掌を務めたことのある、北海道出身の富岡達彦さんご夫妻。廃止された駅の跡地に再び「駅」を復活させようと、跡地を所有していた名寄市に掛けあって用地を取得、建設にこぎつけた。その際、建物のヒントになったのが留萌《るもい》本線恵比島《えびしま》駅だったという。この駅は、１９９９（平成11）年に放映されたＮＨＫ朝の連続テレビ小説『すずらん』の舞台になったことから、「明日萌《あしもい》駅」というリアルな木造駅舎のセットが現在も残っている。

正式にオープンしたのは北海道新幹線の開業日と同じ２０１６（平成28）年3月26日。駅舎内には宿泊部屋が3室あり、宗谷本線を走っていた急行の愛称名にちなんで「天北《てんぽく》」「利尻《りしり》」「紋別《もんべつ》」

次は 66 駅弁です。

売店を兼ねた出札口風のフロントや発車時刻表・行先案内札・鉄道部品などが並ぶエントランス

と名づけられている。いずれも男女別の相部屋で、「紋別」を除いて2段ベッドが4人分設置されている。エントランスは食堂を兼ねており、11時から14時までのランチタイムには、宗谷本線音威子府《おといねっぷ》駅名物の「黒い駅そば」などを提供している。

（佐藤正樹）

民宿兼食堂ながら外観はまさに「駅」そのもの

66 旅先で出会った味を車中で頬張るしあわせ

■駅弁

有名駅弁はおいしい！　駅弁を描いて約15年、いろんな駅弁をいただいてきたけど、やはり「有名駅弁」と呼ばれるものに、ほぼハズレはない。たとえば、レトロな掛紙とともに超有名な函館本線森駅の「いかめし」。やわらかく炊き上げられたイカとモッチリとしたご飯の組み合わせが絶妙。生き残りが厳しいといわれる駅弁業界のなかで、古くから人気のある駅弁はやっぱり旨い。とにかく、有名駅弁はいちど食べてみるべし！

有名でない駅弁もおいしい！　東北新幹線新花巻駅の駅弁売場に並んでいたときのこと。ちょうど前で、お目当てが売り切れ！　しょんぼりしながら他の駅弁を……

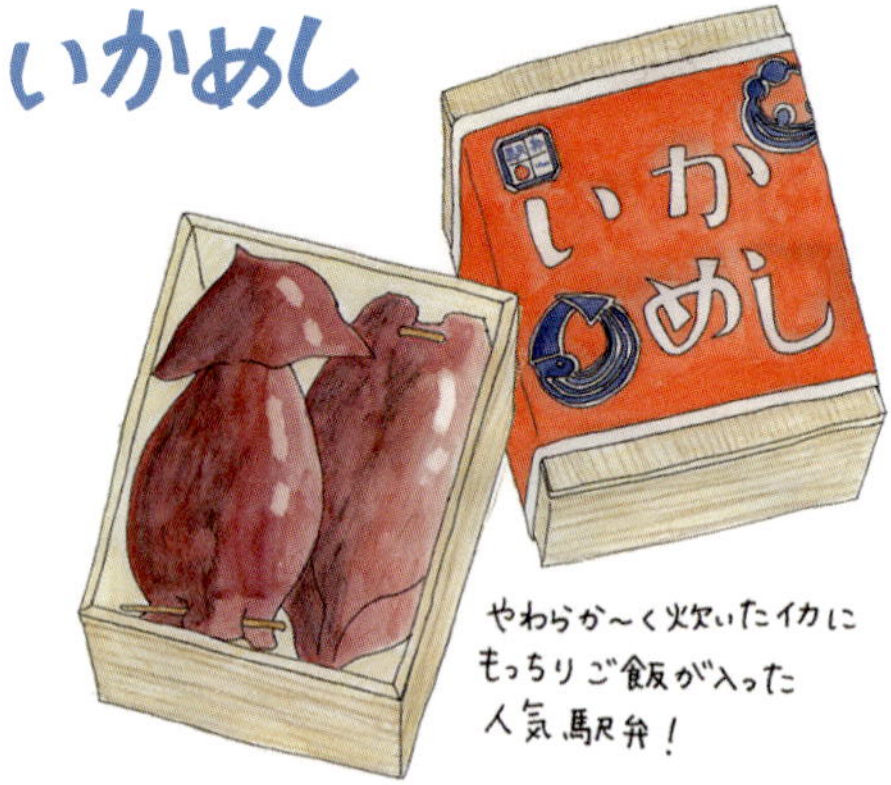
いかめし
いか めし
やわらか〜く炊いたイカに
もっちりご飯が入った
人気駅弁！

と、420円という価格に驚き「花の巻寿し」を購入。あまり期待せずに蓋を開けてびっくり。中身はきれいなちらし寿司。しかも結構なボリューム。具こそシンプルだけれど、やわらかめの酢飯は酸味と甘みがちょうど良く、なんとも旨いっ！　旅人のために、値段を抑えてお弁当を作っている駅弁屋さんの想いを感じる。旅先でこういう駅弁に偶然出会うとうれしくなる。

駅弁には地元への愛が詰まっている！　東日本大震災で被害を受けた三陸鉄道。鉄道と地元の復興を願って作られた駅弁が北リアス線陸中野田駅の「北三陸野田村鮭いくら弁当」。鮭とイクラはもちろん、付け合わせも地元産で、食材の質の良さに感動！　野田村をアピールしようという意気込みが伝わる。地元愛にあふれた駅弁って、とびきりおいしい。

容器を楽しむのもよし！　旅に出た先々で、駅弁の容器や掛紙を集めてみるのも駅弁の楽しみ方

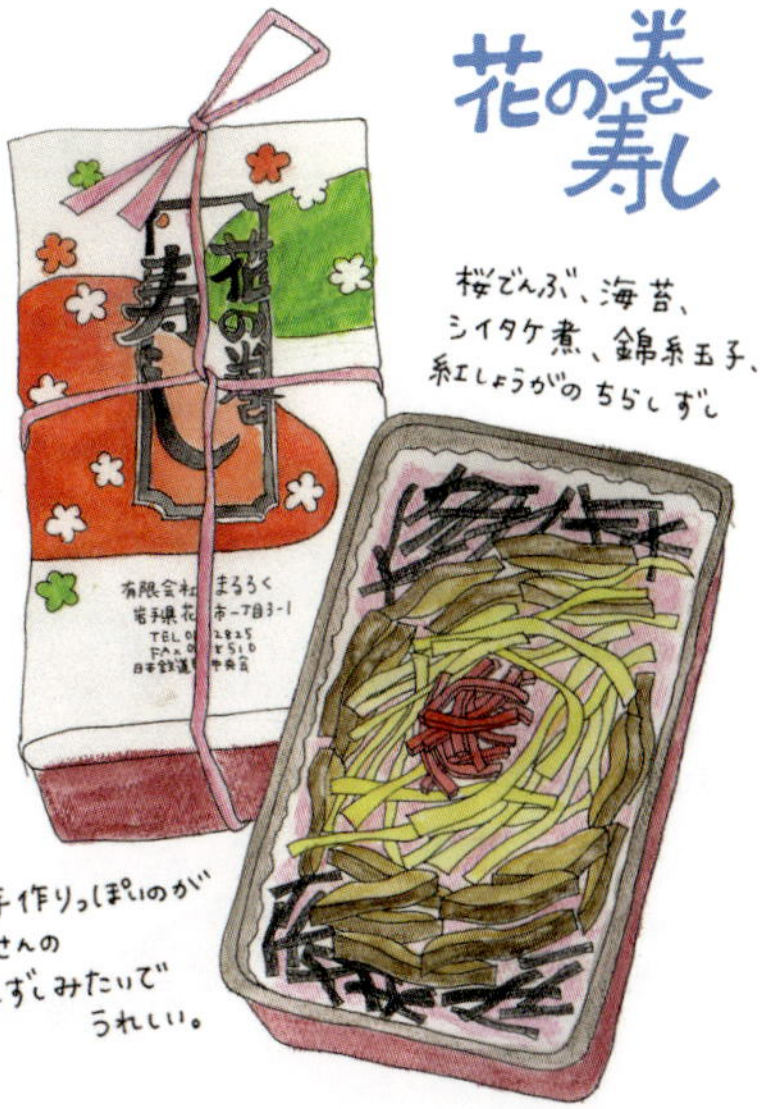
具が手作りっぽいのがお母さんのちらしずしみたいでうれしい。

北三陸野田村
鮭いくら弁当

加賀魯山人弁当

次は67駅そばです。

のひとつ。最近の流行は新幹線型容器で、今はなき０系から新型のＨ５系までの容器が各地にある。収集して、自作の新幹線弁当を作ってみるのも楽しい。でも、子どもじゃないし……とおっしゃる大人の方々には、北陸本線加賀温泉駅の「加賀魯山人弁当」。重箱がとってもおしゃれで、これだけでも価値がある。もちろん、魯山人にちなんだ加賀料理も絶品。

大人の列車旅にはおつまみ駅弁！　列車旅の楽しみは大人ならやっぱりお酒。予讃線丸亀駅の「丸亀名物骨付鳥弁当」は、丸亀のご当地グルメ・骨付鳥を丸ごと１本、駅弁に入れちゃった！　という大胆なお弁当。ビール好きにはたまらない！　一杯やりながら、瀬戸大橋線を渡るなんて最高に贅沢。

駅弁はやっぱり旅あってのもの。お取り寄せや、デパートの物産展なんかで買うのもいいけれど、旅先で出会えた駅弁を車窓の風景を楽しみながらいただくのが一番おいしい、と思いませんか？（高梨智子）

67

地域性と各店のオリジナリティを丼に込めて

■駅そば

ホームに漂う出汁の香りをキャッチすると、思わず腹がギュルルルと。ついさっき食事を済ませたばかりだというのに、暖簾をくぐらずにいられなくなる。とくに冬場の寒い朝や、仕事帰りの疲れた状態で食べる「駅そば」は格別。お腹だけでなく、心までをもホッと満たしてくれるのだ。

駅そばは、所詮ファストフード。どこで食べても同じだと思っている方も多いかもしれない。しかし、味やメニューは地域によってまったく異なる。東日本と西日本とでつゆが違う（東：濃口醤油ベース、西：うすくち醤油ベース）し、薬味のネギも東と西で違う（東：白ネギ、西：青ネギ）。さらに、北海道の濃厚昆布出汁、東北地方の赤い漆器風の丼、北陸地方の赤巻きカマボコ、近畿地方の「きざみそば」、九州地方のゆずこしょうなど、旅情

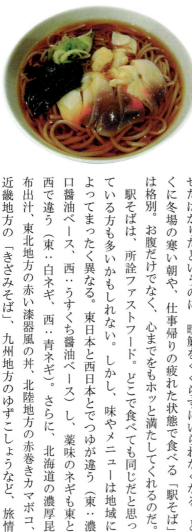

←次は 68 時刻表です。

写真右：苫小牧駅「Café・駅」のホッキそば。ホッキ貝は半生なので、黒い色をしている。●写真下：久慈駅「あじさい」のまめぶinそば。まめぶは、クルミと黒砂糖を小麦粉の皮で包んだもの。●写真左：熊本駅「まるうまうどん」の火の国そば。ちくわも、名産の「日奈久ちくわ」を使用している

を感じさせる地域性に富んでいるのだ。

地域性に加えて、各店がオリジナルメニューを開発し、さらなる魅力を創出している。日本一の水揚げ量を誇る地元産ホッキ貝を使ったJR室蘭本線苫小牧《とまこまい》駅「Café・駅」のホッキそば、郷土料理の「まめぶ」とそばをコラボさせたJR八戸《はちのへ》線久慈《くじ》駅「あじさい」のまめぶinそば、熊本を代表する味覚の辛子レンコンと馬肉を両方味わえるJR鹿児島本線熊本駅「まるうまうどん」の火の国そばなどは、それを食べるだけで旅が成立する珠玉の一杯といえよう。安く早くおいしく、そして旅情にあふれている。それが、「駅そば」の魅力なのだ。（鈴木弘毅）

68 スマホの時代でも〝紙の時刻表〟でしか分からない情報がある

■時刻表

「時刻表」の歴史は1894（明治27）年10月に東京の庚寅《こういん》新誌社から発行された『汽車汽船《せん》旅行案内』から始まる。以降、鉄道の発展につれて時刻表は辞書のようなページ数と情報量になってきた。現代はスマートフォンなどのアプリでも経路検索や時刻を調べられるようになったが、やはり正確性と便利さという点では冊子タイプの紙の時刻表に分があるように私は感じる。

紙の時刻表は目当ての列車だけでなく、「この列車はどこの駅で特急に抜かれる」や「快速列車に乗り換えてもどのくらいの時間差しかないのか」など、前後の列車との相関関係もひと目で分かる。スマートフォンの経路検索アプリではそうはいかない。

それだけではない。紙の時刻表には旅をする前から旅を楽しませてくれるよさがある。さまざまな列車の時刻の並びを見ながら「ここでこう乗り継いで、ここで途中下車してみよう」といったように、これから始まる旅を想像しながら計画するのはとてもワクワクするものだ。駅弁や観光案内など、ページをめくるたびに知識欲を満たしてくれるところも素晴らしいのだ。（助川康史）

次は69青春18きっぷです。

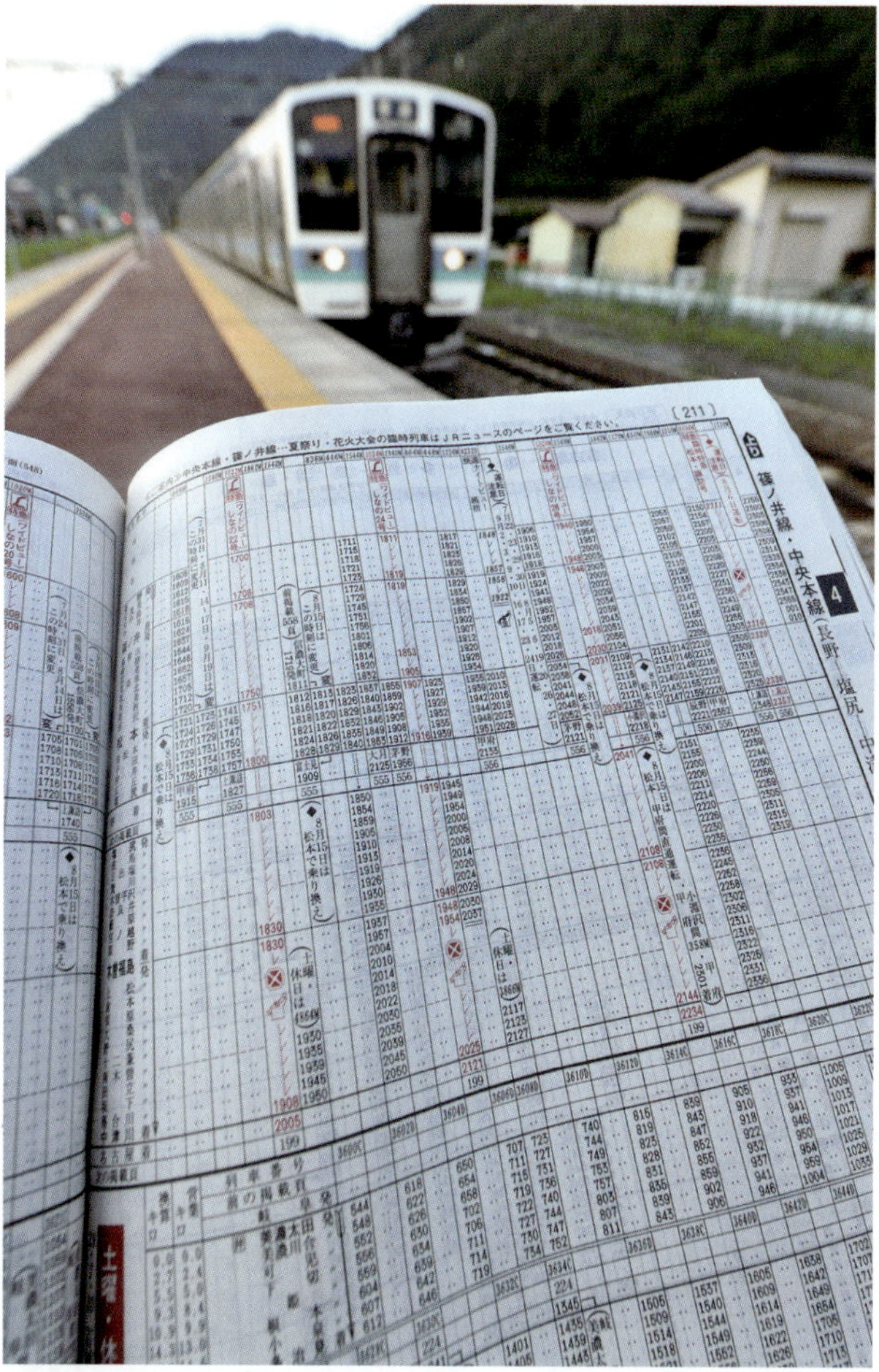

手軽さ以上に便利さを感じる紙の時刻表。これからも変わらず旅の導（しるべ）となってくれるに違いない

69 自由な旅を演出するロングセラーの乗車券

■青春18きっぷ

駅、改札、レール……、旅情を掻きたてるような写真と印象深いキャッチコピーで構成された「青春18きっぷ」のポスターは、旅人たちの心を惹きつけてやまない。なかでも待合室の改札口越しに伊予灘を望む予讃線の下灘駅は、歴代ポスターで3度も登場した駅であり、印象に残っている人もいるだろう。ポスターのイメージから見知らぬ旅先への憧れを抱き、初めて鉄道旅行に出かけたという若者も多いのではないだろうか。

「青春18のびのびきっぷ」の名で登場してから2016（平成28）年で35年目と歴史ある青春18きっぷ。現在販売されるものはマルス発券のものがほとんどだが、JR西日本エリアのわずかの駅などで赤色の地紋の通称〝赤券〟が発売されている。この赤券はあらかじめ印刷されている常備券の一種で、保存にも適していることからコアな鉄道旅行ファンに人気がある。

筆者もその赤券を手に学生時代は大垣夜

次は 70 硬券きっぷです。

「青春18きっぷ」愛好家なら一度は訪れたい“あのポスターの駅”。ホームから望む伊予灘はまさに絶景で、ベンチに座ってたたずんでいると時の経つのも忘れてしまいそうだ

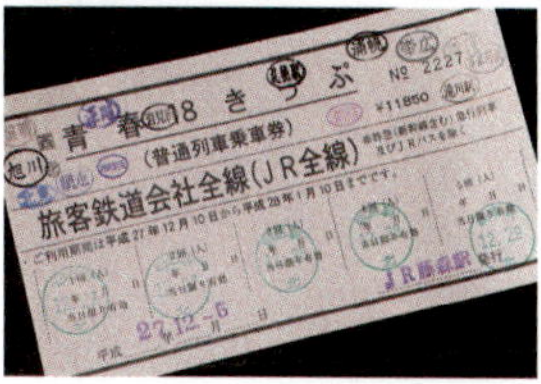

今やきっぷ界の“絶滅危惧種”である赤券。降り立った駅で下車印を押してもらえば1枚のきっぷが立派な旅の足跡に

行や中央夜行などに乗るため、始発駅の乗車口付近で4時間前に並んだことや、1枚で最長どこまで行けるか挑んだことなどが思い出深い。あれから20年の時が経ったが、青春18きっぷのシーズンとなれば今でも、各駅停車で時間を気にせず、ただ流れゆく車窓を眺め続ける贅沢な旅を楽しんでいる。

（笠原　良）

70 妙義山の麓の終着駅で出会った懐かしいシーン

■硬券きっぷ

群馬県の交通の要衝・高崎駅から発着する上信電鉄。その終着駅・下仁田《しもにた》では硬券きっぷ、ダッチングマシン、券箱、改札鋏《かいさつばさみ》といった、かってはどこの駅にも存在した備品が今なお現役で大切に使用されている。

硬券きっぷは気軽に収集できる旅の記念であり、券面の地紋も鉄道会社ごとに違い、券種によってもさまざまだ。改札鋏でパチンパチンとM型や口型などの切り型を券にパンチする音も印象深い。それらの券を収納する券箱が駅務室にどっしりと鎮座する姿は、旅人の誰もが目にしている駅の名脇役といえよう。

きっぷのコレクターが多かった時代は集め方にも人それぞれにこだわりがあった。そのため駅員さんから「日付を入れますか?」「鋏を入れますか?」とよく聞かれたものだ。筆者も硬券全盛期の頃は旅に出ては下車駅で入場券を購入し、日付を印字するダッチングマシンにきっぷをくぐらす動作には、思わず見入っていた。

←次は 71 ヘッドマークです。

妙義《みょうぎ》山の麓に位置する下仁田駅は、硬券きっぷにふさわしい雰囲気に満ちている。世界遺産・富岡製糸場の見学も兼ねて、上州のローカル鉄道の旅を楽しんでみてはどうだろう。（笠原　良）

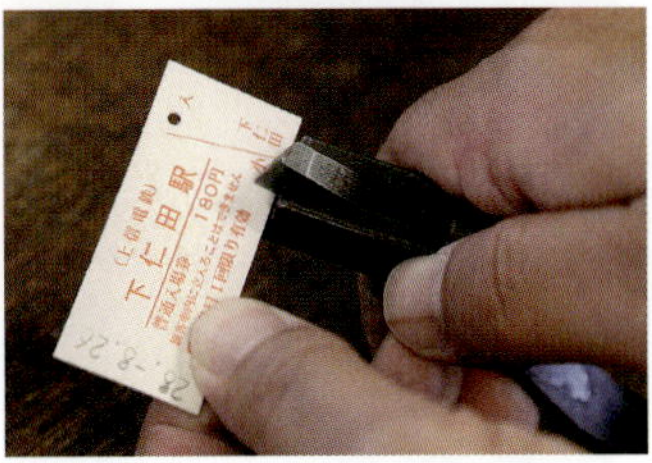

下仁田駅駅務室の備品からは使い込まれてきた歴史を感じ取ることができる。ここでは駅入場券、上信電鉄各駅行き乗車券の硬券きっぷが常時購入可能だ

71

風前の灯となった特急列車のシンボル

■ヘッドマーク

ヘッドマークとは列車の愛称名を先頭車に掲げる愛称板のひとつ。1950（昭和25）年に再び走り始めた特急「つばめ」を牽引する機関車に取り付けられたことから始まった。ヘッドマークは優等列車のシンボルであり、先頭に掲げて颯爽と走り去る姿に憧れを抱いた鉄道ファンも多いだろう。

列車の名称はもちろんのこと、名称の由来となった沿線風景や天体などのイメージを限られたスペースに表現した絵入りのヘッドマークのデザインはどれも見事だ。なかでも私個人がベストと思うヘッドマークはかつての寝台特急「ゆうづる」である。夕暮れに羽を広げた一羽の鶴を白いシルエットで表現したものだ。鶴のしなやかで繊細、かつ力強い羽ばたきを茜空で引き立てたデザインはま

次は 72 座席のモケットです。

1981（昭和56）年の登場当時と変わらない姿で走る185系「踊り子」。東海道本線川崎～横浜（新子安～東神奈川）間

さに秀逸の一言である。

近年はヘッドマークが簡略化されたり、ヘッドマーク自体のない特急列車が増えてきた。ただ、新型車両全盛の現代でも、まだ国鉄当時のヘッドマークを掲げる列車がある。185系「踊り子」だ。「踊り子」のヘッドマークはエル特急の「L」マークがなくなっただけで登場時と変わらないデザインである。国鉄時代の残り香が今なお走り続けているのだ。（助川康史）

72

パソコンの技術でここまで進化した鉄道車両の座席

■座席のモケット

鉄道車両の座席でごく一般的な生地がモケット。「シート生地＝モケット」のように捉えられがちだが、厳密に「モケット」とは、ツイードやヘリンボーンなどと同様に生地の織り方の一種を指す。モケット以外の例としては、かつての100系新幹線のひとり用個室座席の生地がツイード織だったような記憶がある。

モケットは、パイル（下地から出ている繊維）が多くて密なので耐久性が高いが、意匠性に乏しいのが難点とされていた。通勤電車で、着席位置を暗示する色分けがモケットに配されるようになったのは1980年代からだった。

しかし近年は、じつに多彩かつ細かな柄がモケットに配されるようになった。そのバリエーションは枚挙に暇がない。背景には、PC（Mac）での描画ツールソフトの普及があるようだ。具体的な手法として、アドビシステムズ社の「イラストレーター」で作成した描画のデータファイルがあれば、その柄を真っ白のモケットにプリントして忠実に再現するのだそうだ。

←次は73ドアステッカーです。

柄をプリントしたモケットの例。織物のようなパターンの柄に囚われず、キャラクターやロゴなど自由に印刷することが可能。真っ白のモケットにプリントするので、写真ではキャラクターの顔部分にはインクがプリントされていない（都電8900形）。撮影：交通新聞社

一見して織物のように見えるが、こちらも柄はモケットへのプリントで表現。表面の手触りが均質化しているので、感触で判別できる（JR東日本E531系）

いすみ鉄道のいすみ300形は2012（平成24）年のデビューだが、同社の鳥塚亮社長のこだわりで国鉄の普通車と同色のモケットを採用。優先席も国鉄のシルバーシートと同色

柄をプリントしたモケットは、近年の新型車両では当たり前の装備になってきた。対照的に、新型車両でありながら国鉄時代の紺色モケットを装備する車両もある。今後の展開が興味深い。

（助川和彦）

73 時代の変遷をも映し出す通勤電車のドアガラス

■ドアステッカー

幼少のときの記憶が強烈に残り、今もなお鉄道車両のドアガラスに貼られるステッカーに興味がある。昭和50年代まで、首都圏のほぼすべての私鉄の通勤電車がドアガラスに円形のステッカーを貼付していた。上半分は指または手をデザインして「ドアーにご注意（下さい）」の文字を添え、下半分は大体が生命保険会社の広告。営団地下鉄の長方形・広告なしなどの例外があったが、「円形で上半分が注意標記、下半分が広告」という仕様に至るまでの統一感、かつ剥離防止のために車外から貼付という点までの完璧さに感心するばかりだった。こんなに興味があるのに、当時は無駄なカットと決め込んだのか写真を撮影していない。

ドアステッカーなど手に入らないと諦めていた矢先、四半世紀前の学生時代のことだが、前出のステッカーを古物商で手に入れることができた。１枚２００円。複数枚あったので、小遣いが許すかぎり買い込んだ。現在、首都圏でドアガラスに貼られるステッカーはＪＲ・私鉄ともに広告としての存在感が増した。ドアステッカーにも時代の変遷が感じられる。（助川和彦）

←次は 74 電車の走行音です。

東武、京成、東急、京王、京急の各社で昭和50年代に見られたドアステッカーのデザイン。東急では昭和60年代まで、京王では文字の書体を写植文字に変更して平成の世に入っても現存した（「注」の字の誤りにご注目！）。到底手に入れられないだろうと思っていたが、偶然にも四半世紀前に古物商で出品されていたものを複数枚購入したうちの一枚で、剥離紙を上半分だけ剥離した状態で撮影。なお、新京成で同様のデザインのドアステッカーが現存する

名鉄で2002（平成14）年に発売された「レールチケット＆μ（ミュー）チケット」は、名鉄のドアステッカーを模した企画きっぷ。ステッカー裏面の剥離紙（写真右）が、乗車券と特別車両券（ミューチケット）として使用できた

東武はかつて自社の関連ウェブサイトで、デザイン変更で余剰となったドアステッカーを一般に販売したことがあった。ドアステッカーの実物を収集できる貴重（?）な機会ではあった。付帯広告が自社関連だったからこそ実現できたのだろう

74 「抵抗制御」で悟りの境地に達する喜び

■電車の走行音

電車の走行音を楽しむ鉄道愛好者は少なからず存在する。一般的には、モーター付近から発生する音や電子ホーンの警笛などが嗜好されるが、よりマニアックになると、電車のモーターへの電流・電圧の制御を司る主制御器の動作音、主回路電流を遮断する断流器の音までも気に留めるようになる。ここでは、近年の電車で一般的なＶＶＶＦ制御車ではなく、主制御器自体のメカニックな動作音、それに伴って若干の前後方向の振動が発生する「抵抗制御」の動作を紹介したい。

抵抗制御では、加速の際にモーターにかかる電圧を増やしていく過程で、起動時に主回路に挿入した抵抗を徐々に減らしていく。その際に、主制御器の内部にある接点が「カタッ、カタッ、カタッ……」という一定のリズムの軽い断続音とともに動作し、車両がわずかに前後方向に十数回ほど揺れる。モーターから発生する音に加え、この断続的な音と揺れで電車の加速を実感するという、電車愛好者の〝悟り〟とも形容できそうな、究極的な領域での楽しみ方といえるだろう。

近年は、抵抗制御の電車も急速に姿を消しつつある。ＪＲの電車ならば、２０５系や２１１系

← 次は 75 普通列車グリーン車です。

国鉄時代の1985（昭和60）年から製造が開始された211系電車。写真は、3両の短い編成になって長野地区で使用されている車両で、最後尾がクモハ211形。中央本線下諏訪～岡谷間。撮影：交通新聞社（下の写真も同）

に乗車すると、加速時の前後動が実感しやすい。

この2系列は界磁添加励磁制御車だが、時速40キログらいまでは抵抗制御の主制御器が動作する。具体的に形式を挙げると、主制御器を搭載するモハ（クモハ）211形・同205形の各車両中央付近に乗車するのがベストだ。**（助川和彦）**

大手私鉄では貴重な存在となった抵抗制御車の東武鉄道6050系。日光線板荷（いたが）～下小代（しもごしろ）間

6050系の床下に並んだ抵抗器

75 プラス780円でちょっとリッチな旅気分

■普通列車グリーン車

2004(平成16)年10月に湘南新宿ラインの全列車で2階建てグリーン車が営業を開始し、同時に「グリーン車Suicaシステム」がスタート。私はこの頃から首都圏の普通列車グリーン車に乗車する機会が格段に増えた。その最たる要因は絶妙な料金設定にあるが、2階建てグリーン車の設備によるところも大きい。さらに「モバイルSuica」ならば券売機に並ぶことなく、思いたったらどこでも、その場でグリーン券が購入できる利便性も魅力的だ。

階上か階下か、それとも平屋部分か……好みの場所は多種多様のようで、それぞれに何らかの長所があると思う。私の好みは階上席。揺れが平屋部分や階下よりもゆったり感じられ、頭上近くまで大きく回り込んだ窓からの眺めがよい。理想の着席ポイントは、車端部よりも静かな車両中央部。東海道本線下り列車の平塚駅以西で相模灘を眺めつつ、あらかじめ買い込んだ「シウマイ弁当」をほおばったりすると、それはそれで結構旅情が感じられて楽しいものだ。もちろん缶ビールがあってもいい。

上野東京ラインや湘南新宿ラインで使用されているE231系。2階建てグリーン車は4〜5号車に連結されている。東海道本線大船〜藤沢間。撮影：交通新聞社

2階建てグリーン車の階上席。頭上まで大きく回り込んだ窓が特徴

階上席に座ると、隣に並んだ車両を見下ろすようになる

現在は、上野東京ラインの開通で長距離運転の普通列車が増えた。事前購入のホリデー料金なら51キロ以上どこまで乗っても780円。列車の乗り継ぎも規則の範囲内で可能だ。「休日おでかけパス」との併用で手軽に旅気分を楽しめるのは、首都圏の鉄道利用における魅力のひとつだと思う。（助川和彦）

76

画一化された車両からマイノリティを見つける愉悦

■希少車両

鉄道愛好者の鉄道車両の興味対象として、希少車両に目が向くことも多い。日常の通勤・通学で利用する車両でも大多数のなかから希少車を見つけ、心のなかで「レア車だ！」と叫んで悦に入ってしまうのだ。こうした行動は、鉄道車両への興味を深めていくにつれ、自然に発生してしまうものだと思っている。異端車・希少車を分類すると、概ね以下の範疇に収まるかと思う。

●試作車（例・300系新幹線J1編成、営団地下鉄6000系の試作車など）
●検測車（例・ドクターイエロー、East-i、東急TOQ iなど）
●特別塗装車（例・京急イエローハッピートレイン、西武レッドアロークラシックなど）
●試験機器装備車（例・東武10000系のVVVF制御試作車10080系＝機器換装済）
●編成変更による異端編成（例・京成3600形で2両編成を3本連結した6両編成）
●事故復旧で形態が変わった車両（例・復旧工事で前面が変わった名鉄5500系モ5509）

このほか、車両の置き換えが進行中の路線では、置き換えが進捗するにつれ、希少車が新型車

➡次は77交流電化です。

初代「レッドアロー」5000系の塗色を再現した10000系「レッドアロークラシック」。2011（平成23）年11月から運行を開始した。西武池袋線ひばりケ丘〜保谷間。撮影：交通新聞社（下の２点も同）

から旧型車に変化していく。たとえば山手線では、２０１６（平成28）年時点ではＥ２３５系（量産先行車）が１本のみの希少車だが、数年後にはＥ２３５系化が進み、逆にＥ２３１系が希少車になるわけだ。（助川和彦）

赤一色の京急にあって異彩を放つ新1000形イエローハッピートレイン。京急本線金沢文庫〜金沢八景間

東海道・山陽新幹線の電気軌道総合試験車「ドクターイエロー」。JR東海とJR西日本が１編成ずつ保有する。新大阪

77 新幹線の礎を築いた仙山線と北陸本線の交流電化

■交流電化

全国の電化区間の延長は2014（平成26）年3月31日現在で1万8675・2キロに達した（表参照）。電気の種類は直流が1万1959・3キロ、交流が6715・9キロとなっている。明治期から採用されている直流に比べると交流での電化の歴史は短い。試験用にと、仙山《せんざん》線北仙台～作並《さくなみ》間23・9キロが1955（昭和30）年2月5日に電化されたのが初めてである。仙山線では当初、交流整流子電動機を備えたED44形（後のED90形）が走り、その後、ED45形（後のED91形）も走り出す。ED45形は整流器で交流を直流に変え、直流電動機を駆動するというもので、3両がつくられただけでなく、この方式は以後長く交流電気機関車の主流となる。

交流電化の試験は成功を収め、国鉄は1957（昭和32）年10月1日に北陸本線田村～敦賀《つるが》間を交流2万ボルト・60ヘルツで電化。以後、全国各地の幹線が交流方式で電化されていった。また、大電力を容易に供給できるとして、当時計画された新幹線にも交流電化が採り入れられる。日本初の交流電化を記念し、作並駅には碑が建てられた。ED45形は2両が残り、1両は宮城県次は 78 東北新幹線です。

利府駅近くの森郷児童公園に保存されているED45形11号機（ED91形11号機）。撮影：櫻井　寛

利府《りふ》町内の公園に、もう１両はＪＲ東日本の新幹線総合車両センターにそれぞれ保存されている。（梅原　淳）

種類別電化区間の延長

（2014年3月31日現在、単位はkm）

	直流1500V	直流750V	直流600V	直流計
JR	6,450.7	0.0	0.0	6,450.7
民鉄	4,694.9	305.6	508.1	5,508.6
計	11,145.6	305.6	508.1	11,959.3

	交流25000V	交流20000V	交流600V	交流計
JR	2,630.5	3,485.6	0.0	6,116.1
民鉄	0.0	527.2	72.6	599.8
計	2,630.5	4,012.8	72.6	6,715.9

出典：「平成25年度　鉄道統計年報」(国土交通省鉄道局、2016年3月から一部改変)

78 多くの制約を抱えながら定時運行を維持する凄わざ

■東北新幹線（ＪＲ東日本）

ＪＲ東日本の東北新幹線の列車ダイヤを作成することはとても難しい。多方面の新幹線の列車が乗り入れているうえ、３つの大きな制約が立ちはだかっているからである。

第１の制約はターミナルである東京駅に着発線が４線しかないという点だ。ここに上越・北陸新幹線の列車も着発し、最短の折り返し時間は清掃作業を伴う列車で12分、そうでない列車で４分ととてもせわしい。

続いては福島駅の構造による制約である。山形新幹線の「つばさ」は上下とも14番線の１線でしか発着できず、そのうえ「つばさ」と併結する上り「やまびこ」が２度にわたって下り線を平面で交差と厳しい。「つばさ」の運転間隔は上下列車を交互に運行したときは19分30秒より詰められず、上り「やまびこ」は併結の際に下り線を通れなくしてしまう。

最後の制約は単線区間の多い秋田新幹線（田沢湖線）内での「こまち」同士の行き違いだ。停車駅以外の駅や信号場で交換を行なうのは新幹線では「こまち」だけ。列車ダイヤが乱れた際は次は 79 サンライズ瀬戸・出雲です。

雪の田沢湖線を走る秋田新幹線E6系「こまち」。神代～刺巻間。
撮影：交通新聞社

行き違い駅を変えなくてはならないので大変だ。

これだけの制約があり、しかも冬季は積雪に見舞われるなか、各列車とも日々ほぼ定時で運転されている。そのような視点で東北新幹線を見直すとよいかもしれない。（梅原　淳）

福島駅14番線から新青森方面を見たところ。東北新幹線と山形新幹線との分岐は列車ダイヤ上の大きな制約となっている

79 東京と四国・山陰を結ぶ最後の寝台特急列車

■サンライズ瀬戸・出雲（JR東海・JR西日本）

「サンライズ瀬戸・出雲」は、JRが運行を続けている最後の寝台特急列車だ。まだ飛行機の運賃が高く、高速道路がなかった時代、長距離の旅行には多くの人が鉄道を利用した。全国の幹線には特急・急行列車が運転され、そのなかには数多くの夜行列車も設定されていて、有効な選択肢となっていた。しかし、競合する交通機関が発達し、新幹線が全国に延びると、夜行列車の利用客は減り続け、これに歩調を合わせるように、夜行列車は徐々に姿を消していった。そして、2016（平成28）年3月の北海道新幹線の開業に向けて、「カシオペア」「北斗星」「トワイライトエクスプレス」といった寝台特急や、夜行急行「はまなす」も姿を消してしまった。

そのようななかにあって、東京〜高松・出雲市間に運転されている「サンライズ瀬戸・出雲」は、JRが定期的に運行する最後の寝台特急で、JR東海とJR西日本が保有する285系電車が使用されている。2本の列車は東京〜岡山間を連結されて走り、下り列車は岡山駅で分割されて、前者は高松へ、後者は出雲市へ向けて走る。上り列車はその逆で、岡山で2本の列車が連結される。

車内は、往年の夜行列車のような食堂車こそ連結されていないものの、いかにも現代の鉄道車両らしくゆったりとした造りで、ラウンジやシャワー室もある。「ノビノビ座席」以外の寝台はすべてが個室なので、子ども連れや女性客でも安心して利用できる。

朝、目が覚めると昨夜とはまったく別の場所にいて、自分が旅に出ていることを実感できるのが夜行列車の大きな魅力。岡山駅で山陽新幹線と乗り継ぐことで、東京駅や博多駅に、早朝に到着することもできる。「サンライズ瀬戸・出雲」で、鉄道ならではの旅情を楽しもう。（池口英司）

ひとり用B個室「ソロ」。広くはないが、プライバシーは確保されている

夜の岡山駅で行なわれる「サンライズ」同士の併結作業。撮影：交通新聞社（下の写真も同）

東京駅9番線で発車を待つ「サンライズ瀬戸・出雲」

SUNRISE EXPRESS

➔次は 80 GENBI SHINKANSENです。

朝の讃岐平野を走る「サンライズ瀬戸」。予讃線讃岐府中～国分間。
撮影：交通新聞社

80 時速200キロ超の移動空間で現代アートを鑑賞

■GENBI SHINKANSEN（JR東日本）

「GENBI」とは「現美」に充てた言葉で、現代美術のことを指す。すなわち、新幹線の車両の中に現代美術を展示し、〝走る美術館〟に仕立ててみせたのがこの列車で、2016（平成28）年4月29日から、上越新幹線越後湯沢～新潟間で1日3往復の運転を開始した。

車両には、E3系新幹線電車を使用。この車両は秋田新幹線「こまち」として運転されていた6両編成を改造したもので、車内には注目のアーティストが製作した、絵画・写真・彫刻・立体・映像の作品が展示され、カフェスペースも設けられている。

車体は側面の一部の窓を廃止して長岡の花火をテーマにした写真作品をあしらい、11号車を指定席、12～16号車を自由席として、土曜・休日を中心に運転される（列車名は「とき」）。

新潟方面に旅する機会があるときは、一度「GENBI SHINKANSEN（現美新幹線）」に乗って、時速200キロ超の移動空間で現代アートを鑑賞するという、ほかでは得難い体験をしてみてはどうだろう。（池口英司）

←次は 81 花嫁のれん・のと里山里海です。

写真上：越後湯沢～浦佐間を走る「GENBI SHINKANSEN」。
写真中：13号車のカフェでは、おしゃれな雰囲気でくつろぎながら芸術鑑賞が楽しめる。
写真下：15号車の壁面を飾るのは荒神明香氏の「立体」。
撮影：交通新聞社（3点とも）

81 加賀・能登の伝統工芸を身に纏った観光列車

■花嫁のれん・のと里山里海（JR西日本・のと鉄道）

北陸新幹線金沢開業に合わせて登場したのが、金沢駅とJR七尾《ななお》線和倉温泉駅を結ぶ観光列車「花嫁のれん」と、のと鉄道七尾駅と穴水駅を結ぶ観光列車「のと里山里海」。北陸新幹線を利用して金沢を訪れた観光客を能登半島へ誘う列車で、両列車とも車窓の風景と合わせ、地元出身の世界的パティシエである辻口博啓氏のスイーツや、日本四大杜氏のひとつ能登杜氏が醸し出す地酒などが楽しめるようになっている。

列車名の「花嫁のれん」とは、婚礼の際、大切に育てあげた娘の幸せを願い、色鮮やかな「暖簾」を嫁ぐ娘に持たせたという旧加賀藩の加賀・能登・越中の風習に因んで命名されたもの。2両編成の列車の外観は「和と美のおもてなし」をデザインコンセプトに、北陸の伝統工芸である輪島塗や加賀友禅などをイメージした艶やかなものとなった。車内は温泉文化を表現した和風半個室と、輪島塗などの図柄を表現したもので、豪華さと伝統工芸の美しさを体感できる。

一方「のと里山里海」は、車体は能登の海を表す濃紺色をベースとして、下部に能登に広がる次は 82 伊予灘ものがたりです。

北陸の伝統工芸である輪島塗や加賀友禅をデザインした艶やかな「花嫁のれん」。七尾線徳田～七尾間。撮影：結解　学

大地や実りをイメージしたえんじ色を配したデザイン。車内は能登ヒバのテーブルや能登上布のヘッドレストカバー、田鶴浜《たづるはま》建具の組子と輪島塗を活かしたパーテーションを配置するなど、能登の天然素材と伝統工芸品を活用したものとなっており、金沢～七尾～和倉温泉～穴水と2列車を乗り継ぐことで、能登半島の魅力を列車の旅を通して味わうことができるようになっている。（結解喜幸）

「花嫁のれん」の1号車の車内壁面は加賀友禅をデザイン

能登半島の景観が楽しめる「のと里山里海号」。のと鉄道能登中島～西岸間

82 異なるメニューともてなしでリピーター続出の人気列車

■伊予灘ものがたり（JR四国）

「伊予灘《いよなだ》ものがたり」はJR四国が運行する「レストラン列車」だ。運転区間は松山〜伊予大洲・八幡浜《やわたはま》間。この列車が走る予讃線には「愛ある伊予灘線」の愛称名もつけられているが、車窓から見る瀬戸内海の風景は穏やかで、四国の鉄道の旅を明るく彩ってくれる。

車内で提供されるのは、地産の食材を活かした和洋折衷のコース料理。列車の運転時間やルートによって、朝・昼・夕のメニューが異なるが、いずれも美しい彩りの、繊細に仕上げられた品々だ。そんな料理を味わいながら伊予灘に沿っての旅は、ゆったりとのどかな、かけがえのないひとときとなることだろう。

2014（平成26）年7月の運転開始以来、高い人気が維持されている列車でもある。その秘密は、おいしい食事はもちろんのこと、途中停車駅での特産品の販売などによる地元の人々によるもてなしや、JR四国自らの手によって行なわれたという高品位の車両デザインなど、心のこもった、けれども飾りのないサービスにありそうだ。

← 次は 83 或る列車です。

松山市内を走る「坊っちゃん列車」や、予土線の「海洋堂ホビートレイン」などと組み合わせても楽しい旅になることだろう。（池口英司）

下灘駅に停車中の「伊予灘ものがたり」。車窓から波静かな瀬戸内海を眺めることができるのも、この列車の大きな魅力となっている

JR四国自らがデザインを手がけたインテリアには風格があふれている

地元・松山の老舗が調理する料理は、どれも繊細な味わいを楽しめる

83 九州鉄道時代の豪華列車109年後の復活劇

■或る列車（JR九州）

2012（平成24）年7月、JR九州の青柳俊彦社長は、横浜市にオープンしたばかりの「原鉄道模型博物館」にて、同博物館創設者にして世界的な鉄道模型ビルダー、原信太郎氏製作の鉄道模型「或る列車」と対面した。

「或る列車」とは、JR九州の始祖、仙石貢社長時代の九州鉄道が、1906（明治39）年に米国ブリル社に発注した豪華車両のこと。だが完成前に九州鉄道は国有化され消滅。豪華車両は東京・田町《たまち》の車庫に放置され、やがて廃車。ほとんど走ることがなかっただけに幻の「或る列車」としてファンらに語り継がれてきた。

青柳社長はそのとき、この模型をモチーフに「或る列車」を復元させようと心に決めた。デザインを任されたのは、JR九州の大ヒット作「ななつ星in九州」のデザイナー水戸岡鋭治氏だった。原氏は2014（平成26）年に95歳で永眠されたが、原氏の意を受け、遺作ともなった模型から実物への復元作業が着々と、JR九州小倉総合車両センターで行なわれた。そして、次は 84 52席の至福です。

ゴールドの車体を輝かせながら久大本線を快走する「或る列車」。湯平～南由布間

ウエルカムドリンクをサーブする客室乗務員。ユニフォームは軽快な乗馬服をアレンジ

九州産にこだわったスイーツの数々

ついに完成し、翌年8月8日、午前9時47分、大分駅より「或る列車」一番列車が日田《ひた》駅に向けてスタートを切った。それは109年の時を超え、仙石貢から青柳俊彦へ、原信太郎から水戸岡鋭治へと引き継がれた、幻の列車の具現化であった。（櫻井　寛）

84 都心のターミナル駅を発着するレストラン列車

■52席の至福（西武鉄道）

列車の中での食事は楽しい。車窓の風景も料理の味を高めるエッセンスになるからだ。往年の特急や長距離急行には必ず食堂車が連結されていて、長旅の退屈を紛らわせ、鉄道の旅をさらに楽しいものに仕立て上げてくれたものだった。この魅力が再評価されたのだろう、近年は全国各地に、車内で食事を楽しむことができる「レストラン列車」が登場している。

２０１６（平成28）年４月に運行を開始した「52席の至福」は西武鉄道が手がける「レストラン列車」だ。土休日を中心に池袋・西武新宿〜西武秩父間と西武新宿〜本川越間で運転される。車内では地元などの名店のシェフがプロデュースするコース料理を提供。下り列車ではブランチが、上り列車ではディナーが楽しめる。地産地消の食材の味を活かした料理は、繊細で艶やかだ。

「レストラン列車」の多くは、地域密着型のローカル線で運転されているが、「52席の至福」は都心の駅を発着することからアクセスも至便。普段は通勤などで利用することの多い路線であっても、豪華な食事とともに楽しむ車窓は、ことさらに美しく見えるに違いない。（池口英司）

次は85急行「夷隅」号です。

「52席の至福」で提供されるコース料理。見た目に艶やかで、ボリュームも十分。現代の先端をゆく味がここにある

豪華で、落ち着きが感じられる「52席の至福」のインテリア

スタッフの笑顔も、レストラン列車の魅力のひとつだ

「52席の至福」は4000系電車を改造。4両編成で運転される

85 キハ28・52を動態保存する房総半島の第3セクター鉄道

■急行「夷隅」号（いすみ鉄道）

東京駅の地下深く、あたかもタイムトンネルの基地のような京葉線ホームから、外房線のタイムマシン特急、「わかしお1号」に乗車する。1時間17分後、大原駅に到着。腕時計の針は、確かに1時間17分しか経過していないが、時代は一気に45年ほど遡り、1970年代の鉄道風景がそこにある。JRに移行後、急行列車はほとんど廃止されてしまったが、今、私の目前では、急行「夷隅《いすみ》」号が発車を待っている。大原駅と上総《かずさ》中野駅を結ぶいすみ鉄道の列車である。車両はキハ28＋キハ52形ディーゼルカー。まぎれもなく、70年代にお世話になったディーゼル急行だ。

車内に一歩、足を踏み入れれば、懐かしいボックス席がそこにあった。向かい合わせ4人掛けの席だ。何度、この硬い座席で一夜を明かしたことだろう。座って頭上を見上げれば、白いスーツに白い帽子の高峰三枝子と上原謙の中吊り広告が目に止まった。「国鉄全線グリーン車で7日間7万円」とある。何と、国鉄時代のポスターではないか。キハ28・52といい、国鉄時代のポスターといい、仕掛け人は、「いすみ鉄道」の鳥塚亮社長。いやあ、話の分かる社長である。（櫻井　寛）

←次は86ロマンスカーです。

上総中野駅で顔を合わせた、いすみ鉄道のキハ28形と小湊鐵道のキハ200形

キハ28形の車内。高峰三枝子と上原謙のポスターも

キハ52の前に立つ鳥塚亮いすみ鉄道社長。ディーゼル急行復活の立役者である

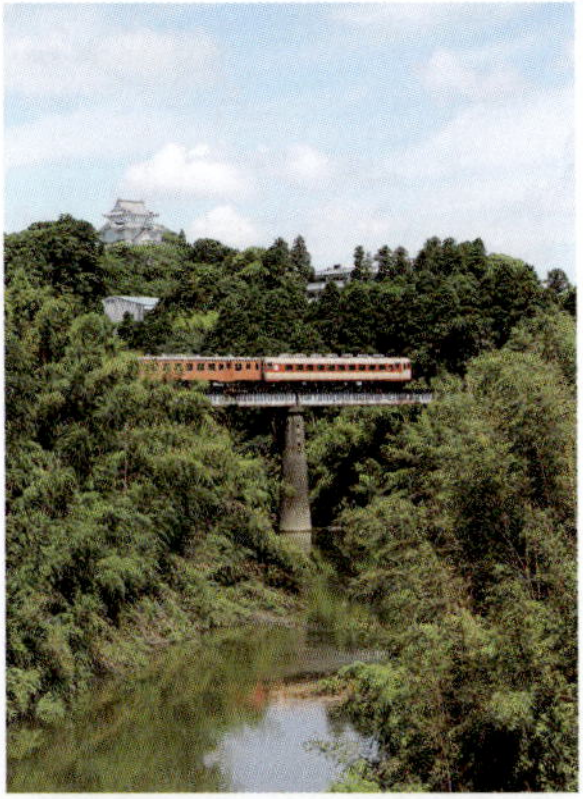
大多喜城をバックにキハ28＋キハ52の急行列車が行く

86 「SE車」のDNAを受け継ぐ憧れの特急列車

■ロマンスカー（小田急電鉄）

「小田急といえばロマンスカー！」

「ロマンスカーといえば小田急！」

と、いわれるほど、小田急電鉄（以下、小田急）にとってロマンスカーは代名詞のような存在だが、ロマンスカーという言葉は戦前から使われていたようだし、最初にロマンスカーを名乗った私鉄は関西という説もある。けれども、ロマンスカーが小田急の特急列車の愛称として定着し全国区となったきっかけは、１９５７（昭和32）年に新宿～箱根湯本間にデビューした３０００形「ＳＥ車」で間違いなかろう。ＳＥとは、「Super Express」のイニシャルであり、あらゆる点において日本初の画期的な軽量かつ高性能なスーパー・エクスプレスとして登場した。


日本初を列挙すれば、まず小田急と国鉄との共同で開発されたこと、軽量化にあたって航空機の技術を採用したこと。高速試験走行を国鉄の東海道本線で行なったこと、などが挙げられるが、その結果、時速１４５キロという当時の狭軌における世界最高速を樹立し、鉄道友の会の第１回

多摩川橋梁を快走する白いロマンスカー50000形VSE。デザインは建築家の岡部憲明氏。和泉多摩川〜登戸間

やはり多摩川を渡河する7000形LSE。1980（昭和55）年の登場からはや36年だが、今なお大人気。和泉多摩川〜登戸間

「ブルーリボン賞」を受賞している。

ライバル関係にあった国鉄が小田急に対し、なぜここまで協力的だったかといえば、日本初の軽量高性能ＳＥ車の高速走行データを、翌年デビューすることになる「こだま型」１５１系や、7年後に開業する東海道新幹線の参考にしたかったからに違いあるまい。事実、「新幹線のルーツ」「高速鉄道のパイオニア」などと賞賛されている。惜しまれつつ１９９２（平成４）年に引退したが、現在は海老名《えびな》検車区に5両編成が永久保存されている。バーミリオン・オレンジ色を纏った流線型の車体は、今もなお色褪せることはない。

ＳＥ車から6年後の１９６３（昭和38）年には３１００形ＮＳＥ（New Super Express）がデビューした。最大の特徴は運転席を2階に上げ、先頭と最後尾を展望席にした。これが爆発的な人気を呼び、以来、小田急ロマンスカーといえば指定券発売開始とともに、真っ先に展望席から売り切れるようになった。ＮＳＥの展望席スタイルは、７０００形ＬＳＥ（Luxury Super Express）、１００００形ＨｉＳＥ（High Super Express）を経て、現代の５００００形ＶＳＥ（Vault Super Express）に受け継がれている。時代は変われど、憧れのロマンスカーは不変。

（櫻井　寛）

次は 87 しまかぜです。

ヘッドライトを煌々と輝かせながら東北沢駅への下り勾配を駆け下りる50000形VSE。和泉多摩川～登戸間

87 多彩な車内空間を備えた私鉄を代表する観光特急

■しまかぜ（近畿日本鉄道）

近畿日本鉄道の「しまかぜ」は、2013（平成25）年3月から運転を開始した新しい観光特急だ。運転区間は大阪難波・京都・近鉄名古屋～賢島《かしこじま》間で、近鉄沿線の主要都市から伊勢・志摩へ向かう。運転開始以来、高い人気が続き、連休などには指定券の入手が難しくなることもある。

使用車両は、この列車のために開発された50000系電車。編成は6両で、大型のバケットシートをゆったりと配置。両先頭車は床面をかさ上げして車内からの眺望を考慮したハイデッカー車となり、客室内から前方の眺望を確保すべく、運転台背後には出入り台が設けられていない。4号車にはセミコンパートメントスタイルのサロン席と、和風・洋風の個室が設けられている。3号車はダブルデッカーのカフェ車両で、1階にはキッチンとカウンター席を、2階にはカウンター席を設置。車内では、「海の幸ピラフ」などの軽食や、飲み物を楽しめる。かつて全国で運転されていた食堂車は非採算を理由に次々に姿を消していったが、列車の価値を高めるべく、供食設備の採用に踏み切った近鉄の姿勢は賞賛に値しよう。（池口英司）

⇦次は 88 7000系電車です。

50000系は2014年に1編成が増備され、計3編成で運用されている。近鉄大阪線大阪教育大前〜関屋間。撮影：交通新聞社

1・2・5・6号車の座席は3列配置で座席の前後間隔が1250ミリのゆったりサイズ。電動リクライニング機能を備えた本革シートだ

車内で提供される「海の幸のピラフ」。シーフードならではの彩りが楽しい一品だ

88 半世紀以上の時を経てなお現役の元祖・ステンレス電車

■7000系電車（東京急行電鉄）

ステンレス鋼は腐食に強い。外板を薄くしてもよいので軽量化が図れ、塗装の手間も省くことが可能だ。おかげで今日では鉄道会社各社がこぞってステンレス鋼製の車両を導入している。

創始期となる1960年代初頭までのステンレス鋼製車は外板だけがステンレス鋼であった。現在の総合車両製作所の前身である東急車輛製造は台枠や柱もステンレス鋼を用いたオールステンレスカーの製造を試みたものの、うまくいかない。そこで、当時世界一の技術を持っていた米国のバッド社の門をたたく。1959（昭和34）年12月のことだ。バッド社との技術提携の結果、1962（昭和37）年1月にデビューを果たした電車が東京急行電鉄の7000系である。

7000系はやや低い屋根、奥まった位置に設けられた貫通扉と特異な姿を持つ。バッド社がフィラデルフィア地下鉄向けに製造していた電車の設計を参考にするように東急車輛製造に勧めたからだ。

東横線を中心に活躍を始めた7000系は134両が製造された。さすがに7000系として

←次は 89 ストーブ列車です。

3両編成で走る7700系。東急池上線久が原〜御嶽山間。撮影：結解　学

抵抗制御からVVVFインバータ制御、冷房装置の搭載といった変更は見られるものの、7700系はほぼ7000系の原型を保っている。東急多摩川線武蔵新田

現存する車両はないものの、機器更新車の7700系は今も5編成15両が活躍中だ。ステンレス鋼製の長所は遺憾なく発揮されているといえる。（梅原　淳）

89

客車内にダルマストーブを設置した津軽の冬の風物詩

■ストーブ列車（津軽鉄道）

日本で唯一、暖房用のダルマストーブを客車に搭載して走る「ストーブ列車」が、青森県の津軽鉄道で運転されている。まだ車両の近代化が進められていなかった昭和の中期頃までは、暖房用のストーブを積んだ列車は、北国のローカル線で数多く運転されていた。しかし、スチーム暖房や電気を用いた暖房装置が普及すると、石炭を用いるダルマストーブは姿を消し、今日ではこの津軽鉄道にのみ残る形になったのである。もちろん、津軽鉄道でも車両の近代化は着々と進められているが、いつの頃からか、昔懐かしいダルマストーブの姿を求めてファンが集うようになり、ストーブ列車の運転は、津軽鉄道に欠かすことのできないものとなったのだった。

「ストーブ列車」は、おもに12月初旬から3月末までの間、毎日3往復運転される。古めかしい客車に乗りこめば、そこには懐かしい情景が展開している。車内はひっそりと暗く、木製のイスは少し硬い座り心地だ。ストーブの前は特等席だが、車内で販売されるスルメが焼かれるときには、その香ばしい匂いに悩まされることになるかもしれない。（池口英司）

←次は 90 坊っちゃん列車です。

おもに12月から3月末まで運転される津軽鉄道のストーブ列車。今や津軽の冬に不可欠の存在となっている。客車列車としても貴重な存在だ。川倉～大沢内（おおざわない）間

ストーブで焼くスルメの味は格別。そして、その匂いも格別だ

ストーブ列車の客車には2基のダルマストーブが設置されている

90 漱石の時代を彷彿とさせるマッチ箱のような汽車

■坊っちゃん列車（伊予鉄道）

夏目漱石が教師として松山に赴任したのは１８９５（明治28）年４月で、この体験が、小説『坊っちゃん』を生んだ。小説には、「マッチ箱のような汽車」が登場するが、これが、漱石が松山にいた当時の伊予鉄道の姿とされている。

地域の活性化を目的として、この時代の列車の姿を再現した「坊っちゃん列車」の運転が伊予鉄道松山市内線で始められたのは、２００１（平成13）年10月だった。車両は、当時の姿が可能なかぎり再現されたが、路面電車の線路に蒸気機関車を走らせるわけにはいかないから、動力にはディーゼル機関を採用し、複数の監視カメラとモニターを装備して安全対策とした。運転が開始された「坊っちゃん列車」は好評を博し、今では松山の町に不可欠の存在になった。小さな客車に揺られていると、車掌さんがクイズを出すこともある。どのあたりを走行しているときに出題されるのかを熟知している機関車乗務員は、声が聞こえやすいように走行音を静かにする運転を行なうという。現代に甦った「マッチ箱」を、ハイテクと匠の技が支えている。（池口英司）

←次は 91 EF66形直流電気機関車です。

松山市内線を走る「坊っちゃん列車」。運転開始以来、衰えない人気を誇っている

終着電停での機関車の転回は人力で行なわれる。観光客にとっては楽しいアトラクションだ

明治の客車の雰囲気が再現されている「坊っちゃん」列車の客車

91 ブルートレインも牽いた国鉄最強のマンモス機関車

■EF66形直流電気機関車（JR貨物）

高速道路の整備でシェアを拡大するトラック輸送に対抗するため、国鉄では東海道・山陽本線の高速貨物列車用の電気機関車と、最高時速100キロで走行できる高速コンテナ貨車の開発を進めていた。1966（昭和41）年に試作機のEF90形が登場し、EF65形重連の高速貨物列車を1両で牽引できることが実証され、1968（昭和43）年には量産機としてEF66形が登場した。運転台の形状や前照灯の位置、ナンバープレートの台座など、ボンネット型特急用電車に通じるデザインが採用され、従来の電気機関車とは異なる洗練されたスタイルが人気となった。

高速貨物牽引機として開発された機関車だが、1985（昭和60）年3月14日改正からは東京〜下関間において寝台特急「さくら」「みずほ」「はやぶさ」「富士」「あさかぜ」の牽引にも使用。機関車の先頭にヘッドマークを掲げた雄姿が、ブルートレインファンを魅了することになった。

現在はJR貨物の吹田《すいた》機関区に配置され、貨物列車の牽引機として活躍しているが、JR貨物が開発した新型電気機関車の登場で運用が減少し、貴重な存在となっている。（結解喜幸）

国鉄からJR貨物に承継された26号機。次ページの27号機と比べると、ナンバープレートの台座や正面と側面の帯の位置などが異なる。東北本線蒲須坂～氏家間（現在この区間での運転はありません）。撮影：交通新聞社（下の写真も同）

車体デザインを変更して1989（平成元）年に登場したEF66形100番台。1次車8両と2次車25両の計33両が製造された。東海道本線甲南山手付近

EF 66 27

➔次は 92 高速貨物列車Bです。

現存するEF66形で唯一、登場時の塗色を保つ27号機。東海道本線大船～藤沢間。撮影：結解　学

92

九州〜北海道間2100余キロを結ぶ日本最長距離の列車

■高速貨物列車B（JR貨物）

現在、日本でもっとも長い距離を走破する定期列車は福岡貨物ターミナル〜札幌貨物ターミナル間の高速貨物列車Bだ（表参照）。列車番号は、福岡貨物ターミナル発が第2070〜第3099〜第99列車、札幌貨物ターミナル発が第98〜第3098〜第2071列車。どちらもコキ100系列のコンテナ車20両編成で運転され、第2070〜第3099〜第99列車は北九州貨物ターミナル〜南福井間で、第98〜第3098〜第2071列車は吹田貨物ターミナル〜幡生《はたぶ》操車場間でコンテナ車が4両増結される。

第2070〜第3099〜第99列車は九州〜中国〜北陸〜東北〜北海道間、第98〜第3098〜第2071列車は北海道〜関西〜中国〜九州間の貨物輸送を担う。途中駅での荷役の回数は後者のほうが少なく、所要時間は前者と比べて5時間50分も短い。

日本最長距離の高速貨物列車は1988（昭和63）年10月1日に臨時列車として登場し、好評につき1990（平成2）年3月10日に定期列車への昇格を果たした。北海道を発着する貨物列車は、線路を共用する北海道新幹線との関係で、第一種鉄道事業者のJR北海道の経営状況といった問題が控え、今後の動向は不透明だ。そのようななかでも末長い活躍を祈りたい。（梅原　淳）

➡次は 93 コキ100形コンテナ貨車です。

日本最長距離の列車

列車種別	高速貨物列車B	高速貨物列車B
列車番号	第2070～第3099～第99列車	第98～第3098～第2071列車
最高速度	95km/h	95km/h
運転区間	福岡貨物ターミナル→札幌貨物ターミナル	札幌貨物ターミナル→福岡貨物ターミナル
経　由	鹿児島、山陽、東海道、湖西、北陸、IRいしかわ鉄道、あいの風とやま鉄道、日本海ひすい、信越、白新、羽越、奥羽、青い森鉄道、津軽、海峡、道南いさりび鉄道、函館、室蘭、千歳の各線	千歳、室蘭、函館、道南いさりび鉄道、海峡、津軽、青い森鉄道、奥羽、羽越、白新、信越、日本海ひすい、あいの風とやま鉄道、IRいしかわ鉄道、北陸、湖西、東海道、山陽、鹿児島の各線
経　路	福岡貨物ターミナル～香椎～北九州貨物ターミナル～尼崎～宮原操車場～吹田貨物ターミナル～山科～近江塩津～金沢～倶利伽羅～市振～直江津～新津～越後石山～新潟貨物ターミナル～新発田～秋田～新青森～青森信号場～東青森～青森信号場～青森～中小国～木古内～函館貨物～大沼～大沼公園～森～長万部～沼ノ端～札幌貨物ターミナル	札幌貨物ターミナル～沼ノ端～長万部～森～渡島砂原～大沼～函館貨物～木古内～中小国～青森～青森信号場～東青森～青森信号場～新青森～秋田～新発田～新潟貨物ターミナル～越後石山～直江津～市振～倶利伽羅～金沢～近江塩津～山科～吹田貨物ターミナル～宮原操車場～尼崎～北九州貨物ターミナル～香椎～福岡貨物ターミナル
運転距離	2136.6km	2149.4km
所要時間	42時間48分	36時間58分
荷役を行なう途中駅	北九州貨物ターミナル、広島貨物ターミナル、南福井、富山貨物、新潟貨物ターミナル、秋田貨物	函館貨物、北九州貨物ターミナル

元「北斗星」牽引用のEF510形507号機を先頭に第3099列車が行く。東海道本線京都

93 貨物輸送の強化を支えるJR貨物の新型車両群

■コキ100形コンテナ貨車（JR貨物）

発足当時のJR貨物はコンテナ輸送の強化に取り組む。この結果、世に送り出されたコンテナ貨車がコキ100形だ。1987（昭和62）年10月に登場したコキ100形の荷重は40・5トンで国鉄から引き継いだコキ50000形よりも3・5トン増えた。長さ20フィートのコンテナが3個搭載できる。それから、最高時速は110キロと従来よりも10キロ分引き上げられた。速度向上のカギはブレーキ装置にあり、最後尾の車両にもブレーキを作動させるための指令が早く伝えられる電磁自動空気ブレーキ装置が採用されている。

1988（昭和63）年から量産が開始されたコキ100形はその後さまざまな派生形式を生み出す。4両1組のコキ100・101形、4両1組でブレーキ装置を集約したコキ102・103形、単独で使用可能なコキ104形、2両1組のコキ105形であり、1990（平成2）年までに登場した。1990年代後半以降に製造されたグループは海上コンテナを搭載できるように荷重がさらに増やされている。いずれも単独で使用可能で、荷重40・7トンが登場順にコキ次は 94 根室本線2427Dです。

１０６形、コキ１１０形、コキ１０７形、荷重48トンがコキ２００形だ。２０１０（平成22）年１月現在、いま挙げたコキ１００形グループの在籍両数は５２７４両に達しており、同社が保有する貨車８６９５両に対して61%を占める。（梅原　淳）

20フィート級の私有コンテナ3個を搭載したコキ106形。積み荷はタイヤの原料となるカーボンブラックで、ブリヂストン彦根工場へと運ばれる。東海道本線稲沢

大型重量コンテナ専用のコキ200形。全長は15メートルと他の形式と比べて6.2メートル短い。京葉線蘇我

コキ104形はコキ100形グループ中、もっとも数が多い。1989年から1996年までに2948両が製造された。山陽本線西条

94

北の大地を走り通す日本一運行時間が長い普通列車

■根室本線2427D（JR北海道）

JR移行後の普通列車は細分化が進み、運行距離が数百キロにおよぶ、いわゆる「長距離鈍行」は貴重な存在になっている。2016（平成28）年3月改正時点で、もっとも長い距離を走る普通列車は、山陽本線の岡山発・下関行き369Mで、その運行距離は384・7キロだ。ところが運行時間となると、根室本線の滝川発・釧路行き2427Dに軍配が上がる。この列車は、369Mより運行距離が76・3キロ短いものの、運行時間は48分長い8時間21分。複線電化の山陽本線に対して、根室本線は全線が単線。列車の交換や特急の待避がある関係で、2427Dは369Mより余計に時間がかかっているのだ。

滝川駅を9時40分に発車し、釧路駅に18時01分に到着する2427Dは、日中のほとんどの時間を費やして走り続けるが、列車交換や長時間停車が頻繁にあり、停車時間を利用して新得そばや帯広の豚丼などが調達できるし、車窓風景も芦別岳《あしべつ》や金山湖《かなやま》、太平洋と変化に富む。乗り通しても飽きがこないおすすめの列車だ。（佐藤正樹）

➡次は 95 特急ワイドビューひだです。

夕暮れの根室本線を走る2427Dの前身の2429D。尺別～音別間
撮影：猪井貴志

95

流れゆく大迫力の前面展望をひとり占め

■特急ワイドビューひだ（ＪＲ東海）

先頭車の最前列の席で、運転室越しに流れゆく前方の景色を眺めるのは、列車の旅の醍醐味のひとつだ。パノラマ型グリーン車を連結したＪＲ西日本の特急「くろしお」「やくも」や、パノラマ・キャビンがあるＪＲ九州の特急「ソニック」のように、前面展望に配慮した列車も多い。

そのなかでおすすめなのが、ＪＲ東海の特急「ワイドビューひだ」。高山本線経由で名古屋〜高山・飛騨《ひだ》古川・富山間を結ぶディーゼル特急だ。おすすめする理由はまず、同線が非電化のために景色を遮る電化柱や架線がないこと。線路を縫うように流れる益田《ました》川（飛騨川）の渓谷や飛騨の山並みなど、四季折々に表情を変える沿線風景の多彩さ・美しさは中部地方を縦断する同線ならでは。

この前面展望を客室から堪能できるのが、下り列車の先頭10号車のグリーン車。同列

➡次は 96 新快速です。

この最前列の席が10号車1番C席。名古屋駅を発車するときは最後部だが、東海道本線から高山本線に入る岐阜駅で向きが変わるのでご安心を。
白川口〜下油井間

車には数種類の編成があるが、10号車にグリーン車を連結するのは、下り列車10本のうち3・7・11・13号の4本。最前列となるのは1番A〜C席だが、A・B席が並びで通路を挟んでC席がある。運転席の背後となるA・B席よりC席のほうが見通しはよい。席を指定するなら10号車1番C席を。

（猪井貴志）

96 京阪神を最速で結ぶアーバンネットワークの花形列車

■新快速（JR西日本）

戦前から私鉄電車との旅客争奪戦が繰り広げられていた京阪神間において、1970（昭和45）年10月1日から東海道・山陽本線京都〜西明石間で運転を開始したのが、国鉄の快速列車のなかで最速達列車となる「新快速」。当初は113系電車であったが、1972（昭和47）年から急行用の153系電車に置き換えられた。京都〜大阪間では北陸方面発着の特急・急行列車より所要時間が短く、車体の色から「ブルーライナー」として好評を博した。しかし、対抗する私鉄の特急列車が転換クロスシートを採用しており、他社と勝負するためには同等の設備を有する電車が必要であった。

そこで、1980（昭和55）年1月22日から運用を開始したのが、片側両開き2ドア・転換クロスシートを装備した117系電車で、戦前のモハ52形などに採用された関西国電の伝統色となるクリームとマルーンの塗り分けになった。「シティーライナー」の愛称で京阪神間の高速輸送に活躍したが、JR化後は221系や223系、225系に置き換えられている。近年はアーバ

← 次は 97 103系電車です。

北陸本線や赤穂線まで足を延ばして活躍する最新鋭225系の新快速電車。東海道本線さくら夙川付近。撮影：交通新聞社（下の写真も同）

内側の緩行線を走る221系の普通電車を追い抜く223系の新快速電車。東海道本線塚本付近

ンネットワークの米原・近江塩津〜大阪〜姫路間などで最速達運転を行なっているほか、一部の列車は北陸本線の敦賀駅や赤穂《あこう》線の播州《ばんしゅう》赤穂駅まで足を延ばし、2府3県に跨がる活躍ぶりをみせている。（結解喜幸）

97 ミナト神戸を走るあの懐かしいスカイブルーの電車

■103系電車（JR西日本）

１０３系電車は、国鉄通勤形電車の標準タイプとして、１９６３（昭和38）年３月から１９８４（昭和59）年１月までの21年間に、じつに３４４７両が製造され、首都圏・中京圏・関西圏などのおもな通勤路線で運行されていた。現在はＪＲ西日本とＪＲ九州の一部に残るのみとなり、数年後には新型車両への置き換えが完了する予定だ。なかでも、原形に近い１０３系に乗るチャンスが残された数少ない路線として注目されているのが和田岬線だ。

和田岬線は、兵庫〜姫路間の建設を行なっていた私鉄の山陽鉄道が、兵庫港に陸揚げされた建設資材を運搬するために敷設した専用線。１８９０（明治23）年７月８日には山陽鉄道の貨物支線となり、１９０６（明治39）年12月１日の国有化後は国鉄山陽本線の支線となった。兵庫駅〜和田岬駅間の旅客営業は１９１１（明治44）年11月１日から行なわれ、国鉄時代から長年にわたって通勤用の客車列車が運行されていた。１９９０（平成２）年10月１日からキハ35形やキクハ35形気動車での運行となったが、２００１（平成13）年７月１日には全線電化され、全列車が次は 98 0系新幹線電車です。

終着の和田岬駅に停車中の103系電車。在籍するのは1編成のみなので検査時は207系電車などが代走する。撮影：結解　学（下の２点も同）

兵庫運河に架かる和田旋回橋を渡る103系電車

和田岬駅近くの幅広い道路を横切る103系電車

網干《あぼし》総合車両所の１０３系電車６両編成（スカイブルー塗装）で運用されるようになっている。なお、同線は平日と土・休日では運転本数が極端に変わり、休日運転の列車は上下合わせて３本だけとなってしまう。（結解喜幸）

98

時速200キロの高速運転を実現したDT200形台車

■0系新幹線電車

車両が左右に揺れながら、車体中心の軸を中心に前後や上下に回転する揺れとが不規則に起きる蛇行動は、東海道新幹線の車両開発にあたって直面した最大の難関といってよかった。車軸方式の車輪では蛇行動を抑えられず、左右が独立した車輪でないと解決できないとすら考えられていたという。

開発を進めるうち、軸受を収めた軸箱をうまく保持できれば、車軸方式であっても蛇行動は抑制できることが突き止められる。担当者たちは開業時に投入された0系新幹線電車に先だって6両がつくられた試作電車の1000形に対し、1両ごとに異なる構造の台車を装着してテストを行なう。その結果、採用となったのが、1004が履いていたDT9004形台車で、0系ではDT200形台車と呼ばれる。

DT200形の軸箱は前後に取り付けた板ばねによって支えられ、板ばねの端はゴムを介して台車枠に固定された。板ばねは軸箱を上下方向には軟らかく、前後方向にはやや硬く支えること

←次は 99 E5系・E6系新幹線電車です。

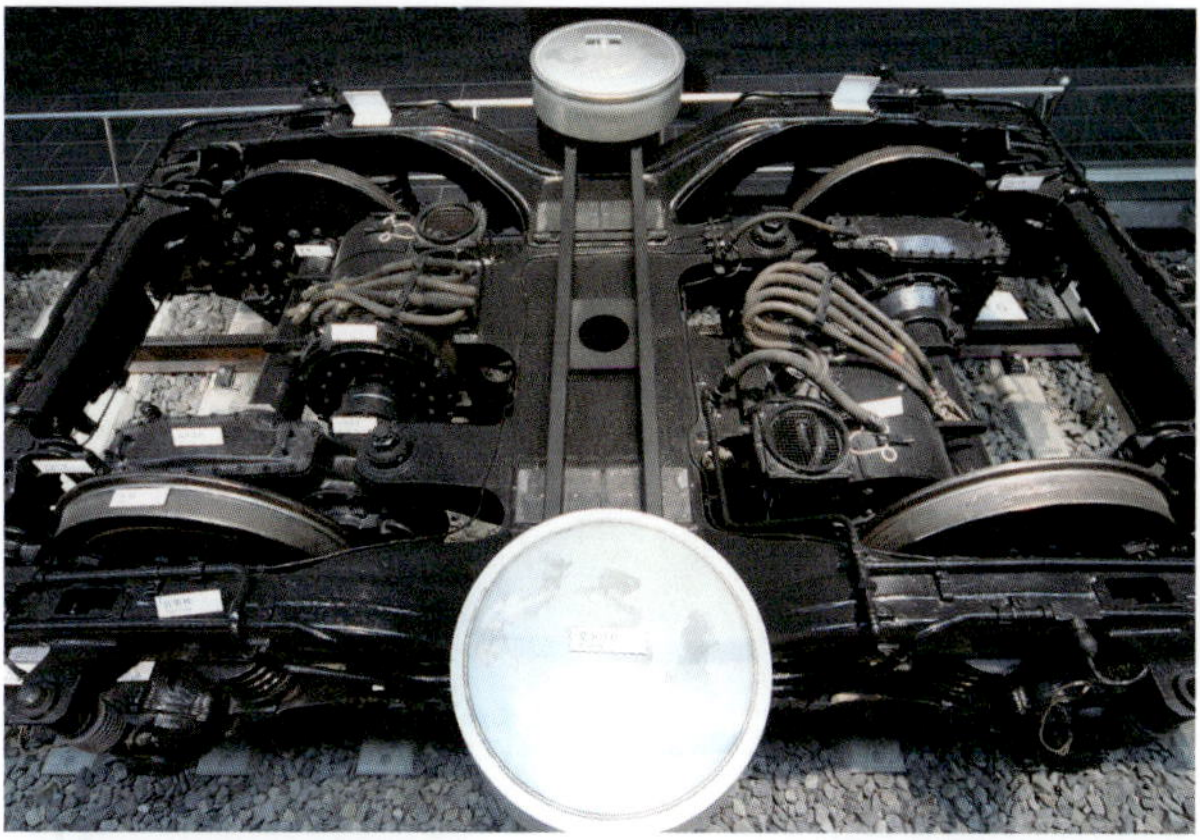

「リニア・鉄道館」に保存されているDT200形台車。200系が履くDT201形、100系が履くDT202形もIS式の軸箱支持装置を持ち、構造は酷似している

で蛇行動を抑え込む。このような仕組みを開発者のイニシャルからIS式という。

0系の開発に携わった国鉄の鉄道技術研究所（現・鉄道総合技術研究所）の三木忠直は後年次のように述懐する。「蛇行動を克服できたことで東海道新幹線の成功を確信した」と。0系とDT200形台車は、名古屋市の「リニア・鉄道館」などで見ることができる。（梅原　淳）

IS式では板ばねと台車枠との結合部にゴムブッシュとピンを用いている。撮影：交通新聞社（下の写真も同）

「リニア・鉄道館」に保存されている0系21形86号車

99 国内最速の320キロ運転を誇る〝みちのく新幹線〟

■E5系・E6系新幹線電車（JR東日本）

1964（昭和39）年10月1日、当時「夢の超特急」と呼ばれた東海道新幹線東京～新大阪間が開業し、営業列車では世界初となる最高時速210キロの0系新幹線電車（開業当時は系列名のない新幹線電車）が登場した。その後は最高時速270キロの300系や、最高時速300キロの500系が日本の最速列車として活躍するようになった。

JR東日本では、東北新幹線新青森延伸開業に合わせ、最高時速360キロの営業運転を目指すこととなり、2005（平成17）年6月に高速試験車両E954形「ファステック360S」、2006（平成18）年3月には新在直通運転用の高速試験車両E955形「ファステックZ」が落成。東北新幹線仙台～北上間において高速運転試験が開始された。この試験結果を元に営業用車両が製造される

←最後は100東海道新幹線です。

E5系（右）とE6系の併結運転によって最高時速320キロで快走する「はやぶさ・こまち」。東北新幹線新白河～郡山間。撮影：交通新聞社

ことになったが、当初の目標であった最高時速360キロは騒音問題などから見送られることとなった。

そして、2011（平成23）年3月5日改正からE5系「はやぶさ」が登場し、さらに2年後の2013（平成25）年3月16日改正から一部の「はやぶさ」が最高時速320キロ運転を実施。2014（平成26）年3月15日改正ではE5系「はやぶさ」とE6系「こまち」の全列車が国内最高の時速320キロ運転を実現した。

（結解喜幸）

100 さらなる進化を見せる〝新幹線〟という名の輸送システム

■東海道新幹線（JR東海）

東海道新幹線とは、極めて巨大な量の旅客を円滑に移動させている交通機関である。1日あたりの旅客数は東京都町田市の人口とほぼ同じ43万1148人（2014年度）。列車はすべて16両編成で運転され、定員は1323人（普通車1123人・グリーン車200人）にそろえられた。月曜日から金曜日までの平日に毎日運転される列車の本数は2016（平成28）年3月26日改正の時点で下り151本、上り157本の308本と大都市の通勤路線並みである。

いま東海道新幹線の列車の本数を記したけれども、じつはこの本数で運転されている日は1日もない。「のぞみ」を中心に運転日が事細かく定められた季節列車が多数設定されており、同じ運転パターンとなる日がまず存在しないからだ。2015（平成27）年5月の下り列車を例に集計してみると、運転本数は2日（土）の198本が最多で最少は11日（月）の152本であった。運転本数が同数の日も存在したが、季節列車の運転パターンは異なる。それだけではない。指定席券の発売状況を見て、満席となった列車の前後の時間帯には臨時列車が急きょ増発される

東海道新幹線の営業時間中の平均運転間隔は上下合わせて3分30秒だ。コムトラックとスミスなしでの列車の運転は考えられない。写真は、東京駅に並んだ700系（左）とN700A。撮影：交通新聞社

こともある。

全国でも東海道新幹線でしか実施されていない複雑な運転方法を支えているのは巨大なコンピューターシステムだ。2系統あり、ひとつは東海道・山陽新幹線運転管理システムのコムトラック（COMTRAC、COMputer aided TRAffic Control system）、もうひとつは旅客輸送・車両・電気設備・施設を管理する新幹線情報管理システムのスミス（Shinkansen Management Information System）である。

両者が頭脳なら、手足となる車両も優秀だ。いま東海道新幹線は速くて快適、そして安全性と省エネルギー性とをより高めたN700Aタイプが主流となった。2018（平成30）年には安全性やセキュリティーをさらに向上させた改良版のN700Sが登場するという。N700Sが中心となる2020年代の東海道新幹線はどのような進化を遂げているのであろうか。（梅原　淳）

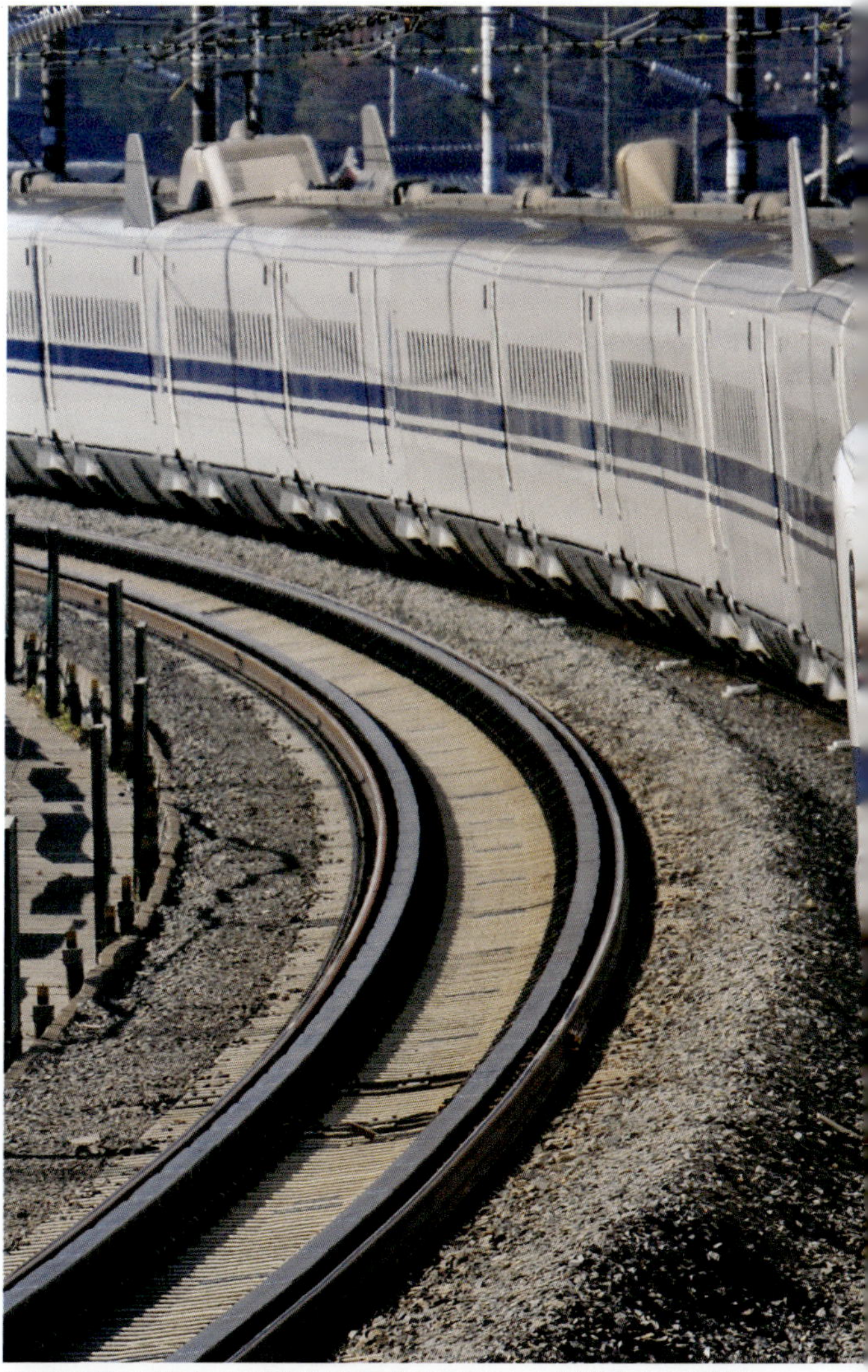

2016年3月31日現在でJR東海は105編成のN700Aタイプを保有する。写真は、米原～京都間を走行するN700A「のぞみ」。「のぞみ」の一部の列車は最高時速285キロで、東京～新大阪間を２時間22分で結ぶ。撮影：交通新聞社

佐藤正樹（さとうまさき）
1960年、札幌市生まれの鉄道ライター。JR発足直前の1987年1月から1996年6月まで『鉄道ダイヤ情報』誌の編集に携わる。近刊に『東京〜札幌 鉄タビ変遷記』(交通新聞社新書）がある。日々、「撮れるライター」を意識して活動中。

助川和彦（すけがわかずひこ）
就学前に両親に乗せられた首都圏の電車のバリエーションで鉄道趣味に目覚め、通った小学校が東武伊勢崎線の線路脇という環境で鉄道が確固たる趣味に。2005年から『鉄道ダイヤ情報』編集長を務め現在に至る。

助川康史（すけがわやすふみ）
幼い頃より鉄道と野球をこよなく愛し、今も写真を通して鉄道愛を表現する。様々な風土やそこに住む人々と鉄道を重ねた心の風景を追い求め、全国の線路際を放浪中。(有)マシマ・レイルウェイ・ピクチャーズ所属。

鈴木弘毅（すずきひろき）
小学生時代からひとりで「駅そば」に通い、大学時代に姫路駅の「えきそば」と出会った衝撃で奥深き魅力に取り憑かれたフリーライター。これまでに訪問した駅そば店（駅周辺を含む）は、全国に2500軒以上。

谷崎　竜（たにざきりゅう）
1969年、名古屋生まれ。関西本線の沿線で育ち、幼少の頃から鉄道に親しむ。「乗り鉄」派で、大学在学中にJR全線完乗。好きなものは終着駅の車止め。著書に『終着駅はこうなっている』（交通新聞社新書）など。

高梨智子（たかなしともこ）
人気駅弁「牛肉どまん中」の米沢出身のイラストレーター。2002年より『JR時刻表』で駅弁ページのイラストを担当。2013〜16年春には同誌で「それゆけ！ 駅弁探偵団」を連載。現在、育児で駅弁列車旅は小休止中、次の旅に想いを馳せている。

長根広和（ながねひろかず）
青春18きっぷなどのJRポスター撮影や、鉄道誌、カメラ誌などで作品を発表。「列車の音が聞こえてくるような作品」をモットーに全国の鉄道を追いかけている。（有）マシマ・レイルウェイ・ピクチャーズ代表。

執筆者プロフィール

池口英司（いけぐちえいじ）
1956年生まれ。国鉄制式蒸気機関車の終焉にはかろうじて間に合うものの、函館本線のC62形や、現役時代の木曽森林鉄道の姿を見ることができなかったことが、今もって無念。せめては新しき背広を着て、鉄道の旅に出ている。

猪井貴志（いのいたかし）
1947年、神奈川県生まれ。美しき日本の鉄道風景写真には定評があり、JRポスター制作に多く携わる。(有) マシマ・レイルウェイ・ピクチャーズ設立。日本鉄道写真作家協会（JRPS）会長、(公社) 日本写真家協会（JPS）会員。

梅原　淳（うめはらじゅん）
「輸送人員は減るばかり。鉄道の最北端が北旭川駅とならないよう、平均乗車キロを増やそう」「寝台ジョイフルトレインは電気羊の夢を見るか」。鉄道の負の遺産に対する講演やコメントに追われる鉄道ジャーナリスト。

笠原　良（かさはらりょう）
1976年、神奈川県生まれ、富山県育ち。地方私鉄の自社発注車好きのカメラマン。学生時代よりローカル線や路面電車の情景を写しこむ作品づくりをライフワークとしている。(有) マシマ・レイルウェイ・ピクチャーズ所属。

結解喜幸（けっけよしゆき）
小田急線と井の頭線が交差する下北沢駅前で生まれ育ち、幼少の頃から電車が好きになった旅行写真作家。近年は友人を誘って、全国各地の列車に「乗って・呑んで・食べて」楽しむ「乗り鉄」兼「呑み鉄」を実践している。

櫻井　寛（さくらいかん）
故郷の鉄道は小海線。少年時代の主役は小柄なC56と、鉄道なのにバス窓のキハ11だった。それゆえ大型蒸機D52、C62、E10やスマートなキハ82系などに憧れたものだが、歳をとるにしたがってC56やキハ11が愛しくなってきた。

交通新聞社新書100

厳選 鉄道の魅力100

今、あじわいたい日本の“鉄道”

（定価はカバーに表示してあります）

2016年10月14日　第1刷発行

編著者——交通新聞社新書編集部

発行人——江頭　誠

発行所——株式会社　交通新聞社

http://www.kotsu.co.jp/

〒101-0062　東京都千代田区神田駿河台2-3-11

NBF御茶ノ水ビル

電話　東京（03）6831-6550（編集部）

東京（03）6831-6622（販売部）

印刷・製本—大日本印刷株式会社

ISBN978-4-330-69616-4